U0037447

威廉王子

優雅與狂

William

優雅與狂野—威廉王子

目次

序

英國皇室家譜

第一章　誕生

I　生命的喜悅———24

啣著金湯匙出生

黛安娜打破皇室傳統

查理贏得教父母權

威廉總是擺在第一位

CONTENTS

II 早熟——35

對外在的敏銳探索

備受寵愛的袋熊

哈利王子的出生

III 進入幼稚園——40

三歲就讀米諾斯夫人育幼院

愛打架的小孩

桀驁不馴

IV 威瑟比學前預校（威廉五歲）——47

『屋頂奶媽』華麗斯

威廉挑戰規定

父母的裂痕

與生俱來的運動細胞

CONTENTS

V 進入羅契洛夫預校（威廉八歲）——56
學校的寄宿生活
父母的冷戰
意外傷害
父母正式仳離

第二章 成長

I 面對父母仳離的威廉（威廉十歲）——98
承受父母離異的壓力
面對祖父母的退縮
崇拜海格洛夫的父親

II 圍繞在威廉身邊的人——105

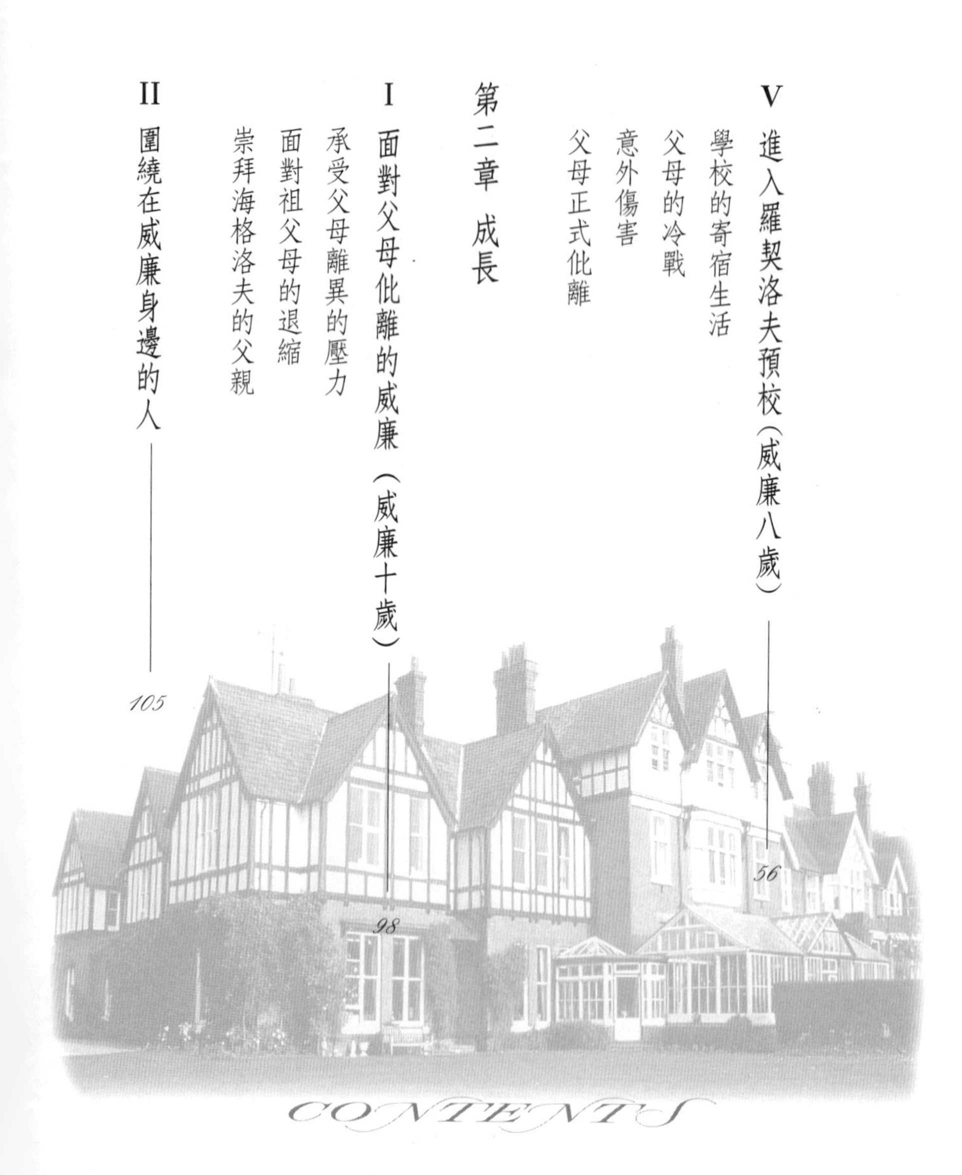

CONTENTS

亦師亦友的時髦奶媽—蒂姬
無可取代的母愛
嚮往母親的公眾魅力
威廉景仰的紳士們
III 皇家有子初長成 120
保護家人
擺脫特權
渴望平凡的生活

第三章 青春

I 伊頓中學的寄宿生活 130
伊麗莎白·希斯考特夫人

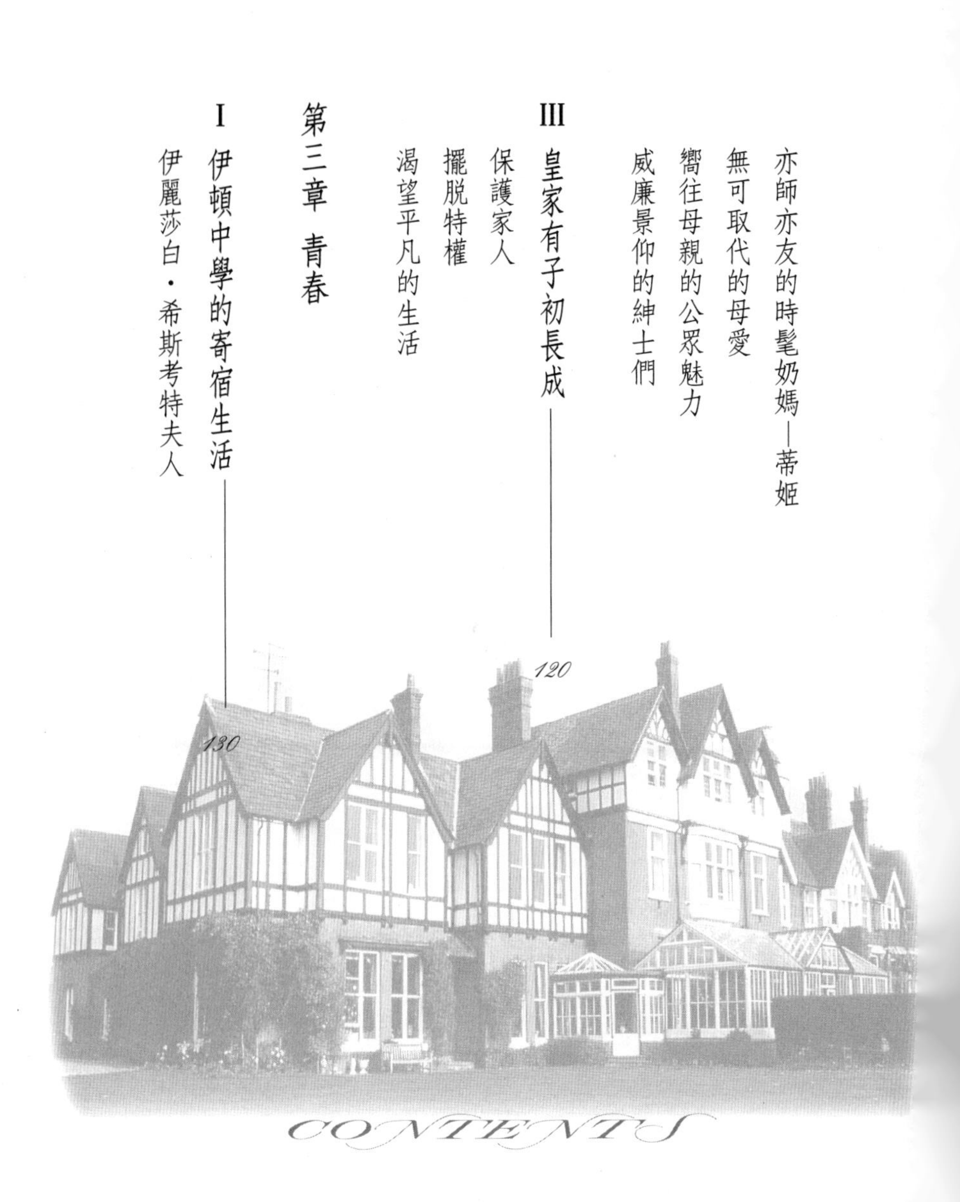

CONTENTS

伊頓中學的養成訓練

貼身侍衛如臨大敵

與王子擦肩而過

II 拒絕狗仔隊的威廉 143

狗仔隊勿近

威廉的反抗

威廉王子V.S.狗仔隊

討厭照相的王子

第四章 愛慕

I 黛安娜對威廉的影響 158

母親安排一切

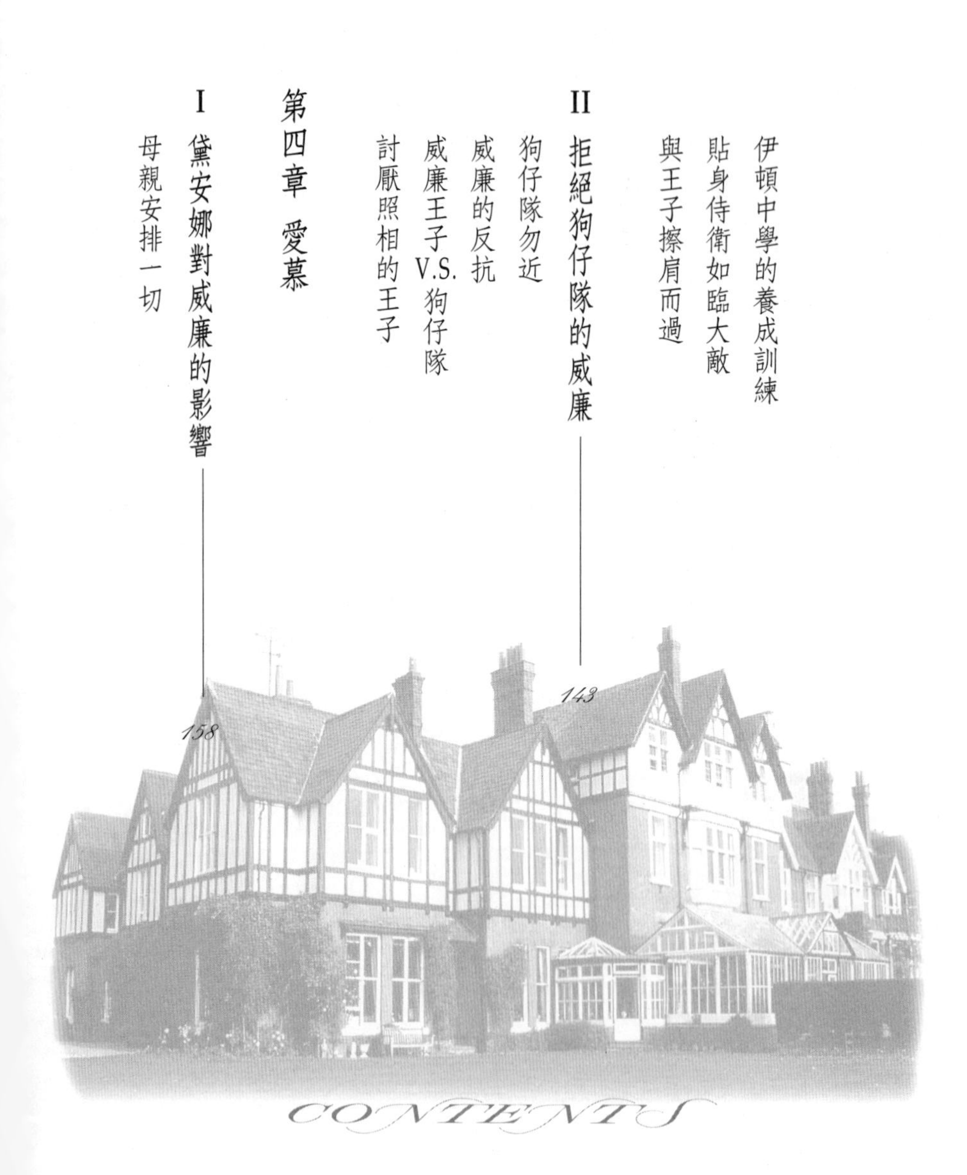

CONTENTS

黛安娜的異性友人
漸漸傾向父親的親情

II 青春期的威廉——199
嘗試與異性接觸
王子的偶像
少年王子的淡淡情愫
「時代雜誌」的封面人物

第五章　蛻變

I 面對悲痛的成長——210
當悲痛傳來

CONTENTS

包圍王子的愛與關懷
勇敢的面對
威廉參與治喪事宜
繼承母親的固執
重新認識母親黛安娜
真相追查
身為人子的謝意
最長的一天

II 喪禮——243

步送母親
永別了，英國的玫瑰
歸葬鄉里

III 傷痛後的成長——251
沒有母親的日子
長兄如父
每逢佳節倍思親
留給王子寧靜的生活

IV 王子的魅力——262
成為偶像
王子的明星風采
三個男人的親密關係
即將告別伊頓中學
文武兼備的威廉
運動家威廉
人民的王子

CONTENTS

序

「真正的國王，他自己本身就是法律，毋須法律來規範他，而且他也不觸犯法律⋯⋯」

喬治・查普曼（1559-1634）

威廉・亞瑟・菲利浦・路易斯（William Arthur Philip Louis），這位身材修長、金髮、俊美的少年王子，以他無可匹敵的獨特魅力，擄獲了無數女性的芳心。在英國近代的歷史當中，過去從來未曾有過一位王位繼承人是在眾所矚目中成長的。所有關愛皇室的人都在祈禱，希望威廉和他的弟弟哈利王子（Prince Harry）能擺脱他母親的悲劇陰影。自黛妃於一九九七年八月發生了舉世震驚的不幸之後，對黛妃愛屋及烏的崇敬與感懷，就移轉到了二位小王子身上。

失恃的威廉和哈利在媒體面前是如此地無助！在喪母的悲痛中，仍要忍受狗仔隊及小報記者無止無盡的追逐。於是關心他們的世人及社會輿論紛紛群起為他們請命，要求狗仔隊與各大小媒體停止這種一窩蜂的追逐，讓這兩位小王子在保有隱私權的情況下，平靜地度過他們的成長歲月。

光陰似箭，歲月如梭，威廉王子已從一個青澀害羞的小男孩，蛻變成一位備受少女們青睞的自信少年了。這些少女對他心儀崇拜的程度，並不亞於一位受歡迎的超級偶像巨星。但她們並不認為威廉如那些Super Star般遙不可及，反而覺得他承自母親黛安娜親和的獨特魅力，有著鄰家男孩般的親切感。她們甚至幻想有朝一日可以和威廉約會，進而飛上枝頭當鳳凰！

隨著年齡的增長，威廉愈見英姿煥發，他不但英俊帥氣且笑容可掬，全身上下散發出一股親切優雅的獨特魅力。他對人謙和、友善、彬彬有禮，應對進退充分表現出皇室的高貴出眾，加上他與生俱來的羞赧氣質，相當受到民眾的喜愛。

一九九八年三月，威廉王子和弟弟哈利王子陪著他們的父親，到英屬哥倫比亞（British Columbia）度過他們私人的家庭滑雪假期。在這趟假期之前，他們也隨著父親在加拿大參與一些皇室的義務列席會。但絕不會有人料到威廉的到來，竟然在當地掀起了一場「超級威廉旋風」。

這次威廉在加拿大（Canada）所進行的皇室造訪，對他日後面對公眾的態度，產生了戲劇性的改變。之前威廉在群眾面前總是顯得害羞緊張，一如他母親在尚未正式成為王妃前的羞赧一般；威廉常低著頭，雙眼凝視地面，迅速地離開群眾及媒體的視線範圍。

如此害羞靦腆的態度，在溫哥華海灣中心飯店（Waterfront Centre Hotel）所舉行的皇室舞會中，就曾遭到父親的指正。查理不斷地鼓勵自己的兒子要自然應對，並勸他要主動的與那些等候他多時的少女們說話、握手，且需時時保持微笑及親切的揮手。起初他有點臉紅，覺得有些不習慣，但害羞的王子終於還是鼓起勇氣走出了飯店，去迎接那些欣喜若狂，為他深深著迷的少女們。他走過列隊歡迎他的群眾，並與她們一一握手，接受人群的尖叫歡呼與禮物，正如他廣受人民愛戴的母親一般，表現得如此自然。

這樣兩極化的表現，也被眼尖的媒體一一捕捉了下來，這些珍貴的鏡頭，顯示出英俊的王子似乎已贏得了溫哥華少女們的芳心。透過全球媒體無遠弗屆的傳播，這些照片及報導傳遍了全世界，各地的電視、報紙都以頭條刊出此所向披靡的「威廉旋風」現象。

威廉王子已從一個害羞、不善應對的小男孩，蛻變成一位風度翩翩，高大英俊風靡眾人的青年了。而這一年他才十五歲……

皇室家譜

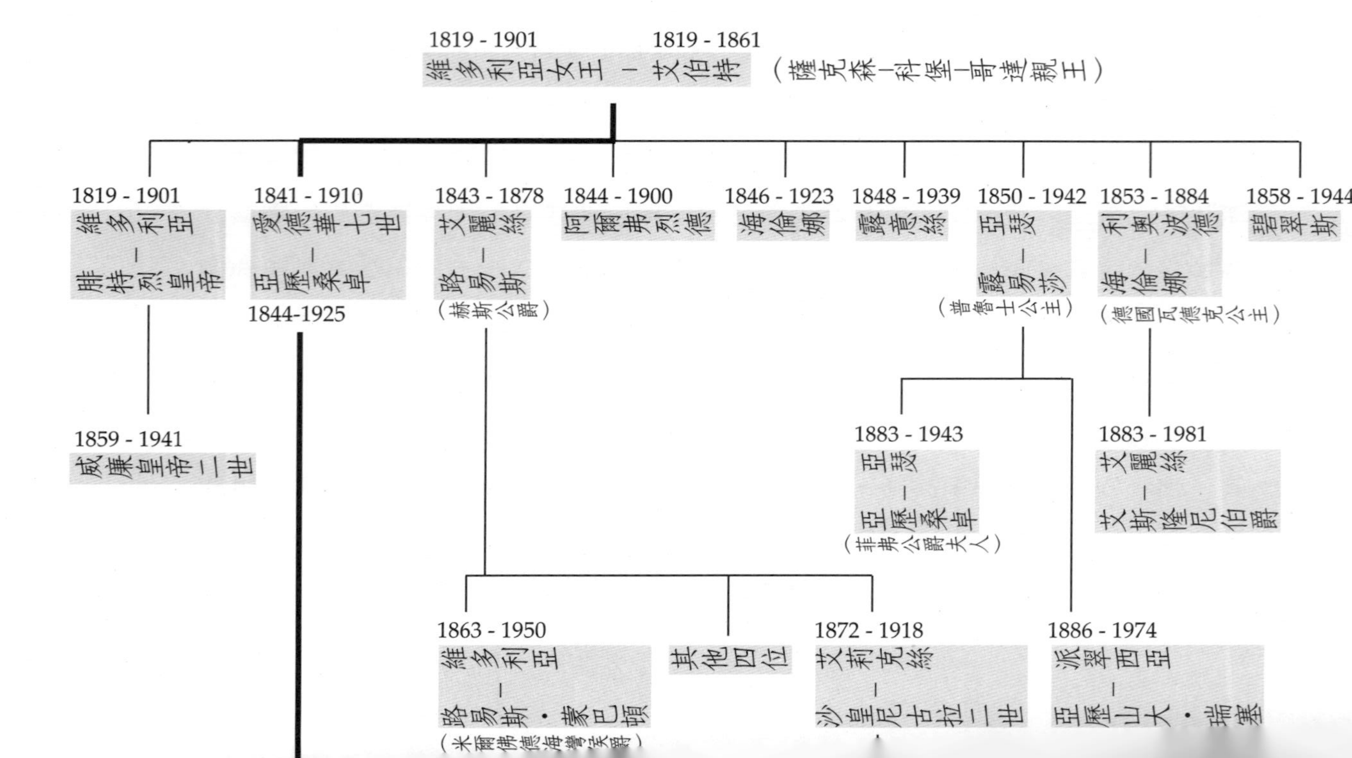
1819 - 1901
維多利亞女王 － 艾伯特
1819 - 1861
（薩克森－科堡－哥達親王）
1819 - 1901
維多利亞
－
腓特烈皇帝
1841 - 1910
愛德華七世
－
亞歷桑卓
1844-1925
1843 - 1878
艾麗絲
－
路易斯
（赫斯公爵）
1844 - 1900
阿爾弗烈德
1846 - 1923
海倫娜
1848 - 1939
露意絲
1850 - 1942
亞瑟
－
露易莎
（普魯士公主）
1853 - 1884
利奧波德
－
海倫娜
（德國瓦德克公主）
1858 - 1944
碧翠斯
1859 - 1941
威廉皇帝二世
1883 - 1943
亞瑟
－
亞歷桑卓
（菲弗公爵夫人）
1883 - 1981
艾麗絲
－
艾斯隆尼伯爵
1863 - 1950
維多利亞
－
路易斯・蒙巴頓
（米爾佛德海灣侯爵）
其他四位
1872 - 1918
艾莉克絲
－
沙皇尼古拉二世
1886 - 1974
派翠西亞
－
亞歷山大・瑞塞

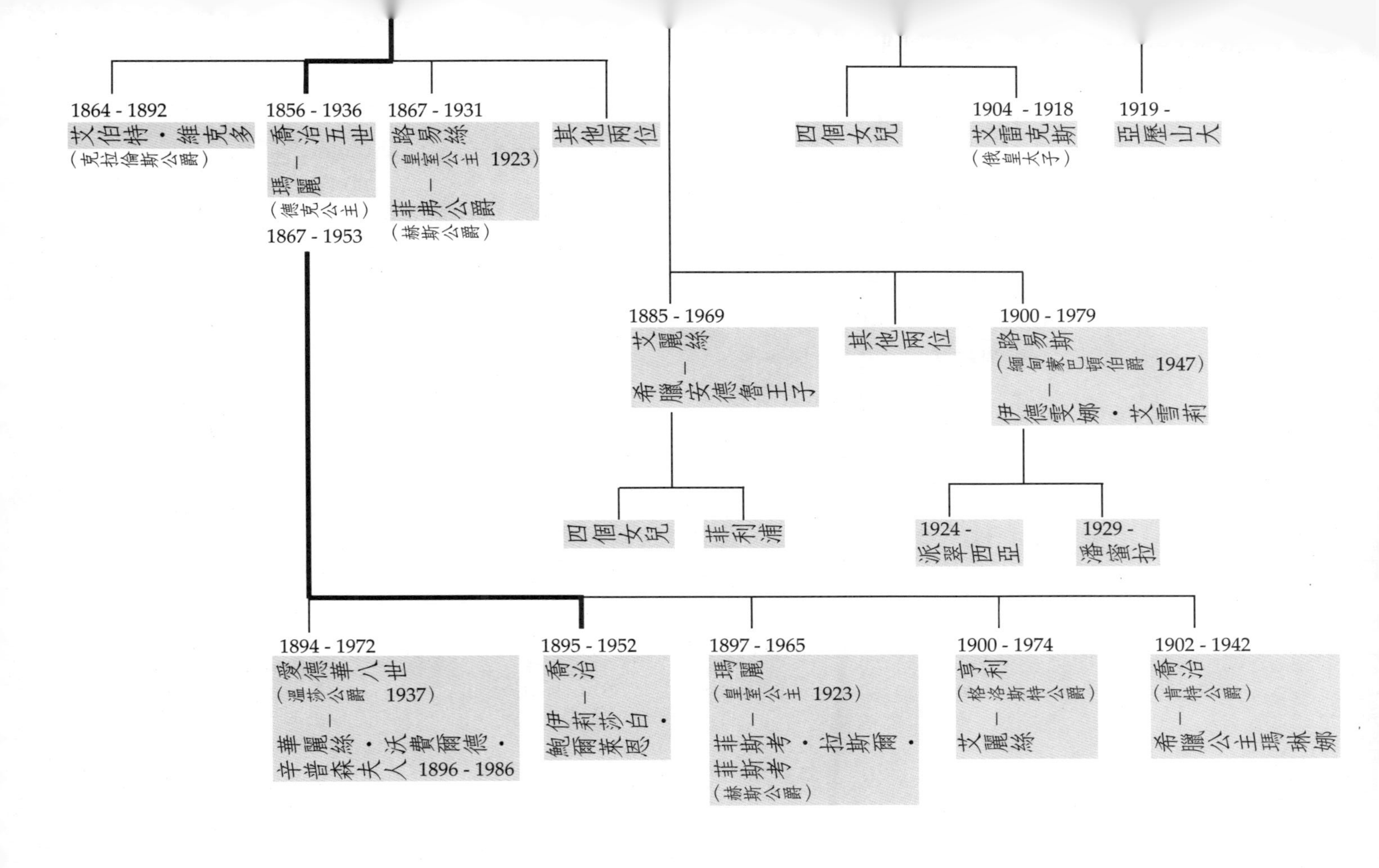

1864 - 1892
艾伯特‧維克多
（克拉倫斯公爵）
1856 - 1936
喬治五世
—
瑪麗
（德克公主）
1867 - 1953
1867 - 1931
路易絲
（皇室公主 1923）
—
菲弗公爵
（赫斯公爵）
其他兩位
四個女兒
1904 - 1918
艾雷克斯
（俄皇太子）
1919 -
亞歷山大
1885 - 1969
艾麗絲
—
希臘安德魯王子
其他兩位
1900 - 1979
路易斯
（緬甸蒙巴頓伯爵 1947）
—
伊德雯娜‧艾雪莉
四個女兒
菲利浦
1924 -
派翠西亞
1929 -
潘蜜拉
1894 - 1972
愛德華八世
（溫莎公爵 1937）
—
華麗絲‧沃費爾德‧
辛普森夫人 1896 - 1986
1895 - 1952
喬治
—
伊莉莎白‧
鮑爾萊恩
1897 - 1965
瑪麗
（皇室公主 1923）
—
菲斯考‧拉斯爾‧
菲斯考
（赫斯公爵）
1900 - 1974
亨利
（格洛斯特公爵）
—
艾麗絲
1902 - 1942
喬治
（肯特公爵）
—
希臘公主瑪琳娜

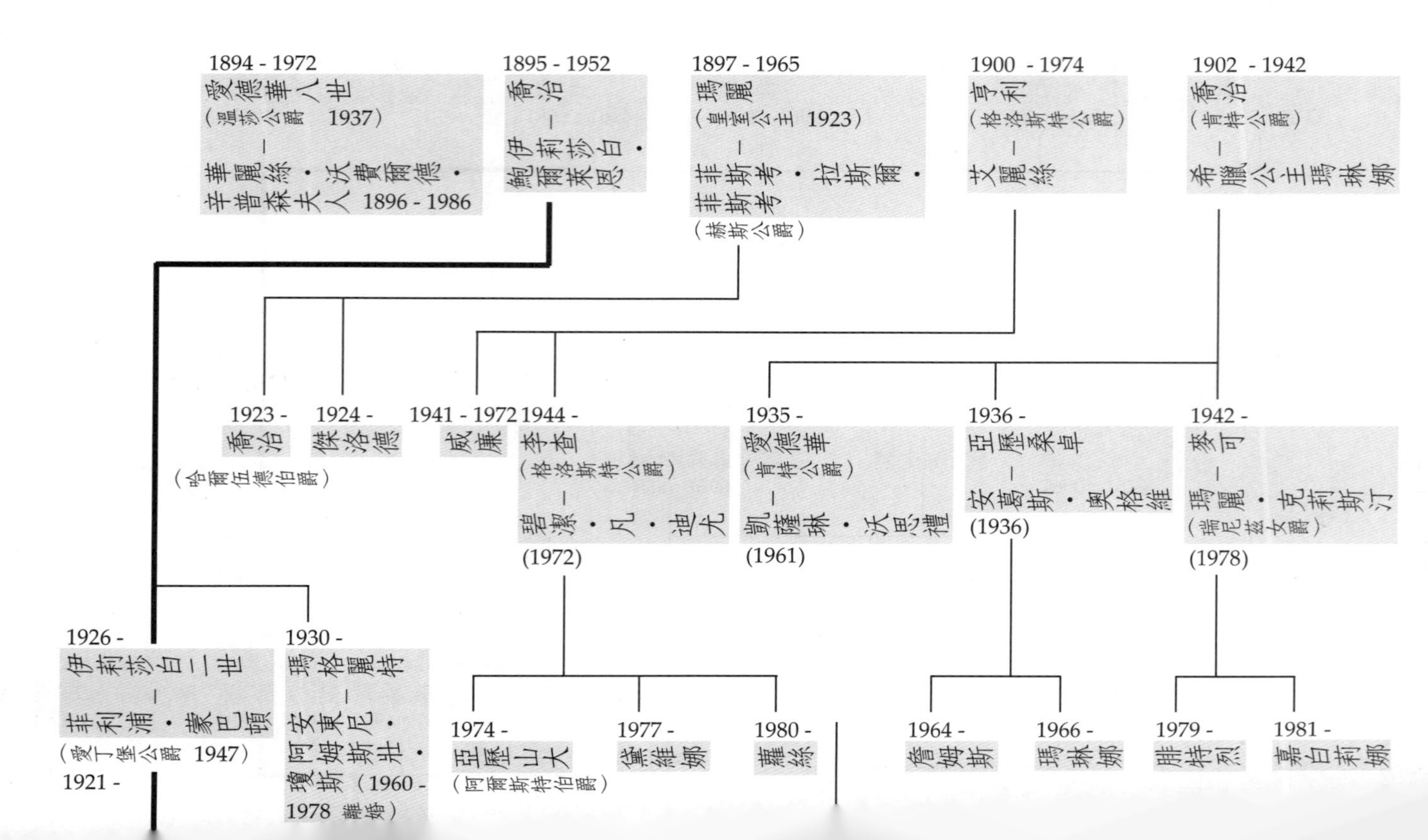
1894 - 1972
愛德華八世
（溫莎公爵　1937）
—
華麗絲・沃費爾德・辛普森夫人 1896 - 1986
1895 - 1952
喬治
—
伊莉莎白・鮑爾萊恩
1897 - 1965
瑪麗
（皇室公主　1923）
—
菲斯考・拉斯爾・菲斯考
（赫斯公爵）
1900 - 1974
亨利
（格洛斯特公爵）
—
艾麗絲
1902 - 1942
喬治
（肯特公爵）
—
希臘公主瑪琳娜
1923 -
喬治
（哈爾伍德伯爵）
1924 -
傑洛德
1941 - 1972
威廉
1944 -
李查
（格洛斯特公爵）
—
碧潔・凡・迪尤
(1972)
1935 -
愛德華
（肯特公爵）
—
凱薩琳・沃思禮
(1961)
1936 -
亞歷桑卓
—
安葛斯・奧格維
(1936)
1942 -
麥可
—
瑪麗・克莉斯汀
（瑞尼茲女爵）
(1978)
1926 -
伊莉莎白二世
—
菲利浦・蒙巴頓
（愛丁堡公爵　1947）
1921 -
1930 -
瑪格麗特
—
安東尼・阿姆斯壯・瓊斯（1960 - 1978 離婚）
1974 -
亞歷山大
（阿爾斯特伯爵）
1977 -
黛維娜
1980 -
蘿絲
1964 -
詹姆斯
1966 -
瑪琳娜
1979 -
腓特烈
1981 -
嘉白莉娜

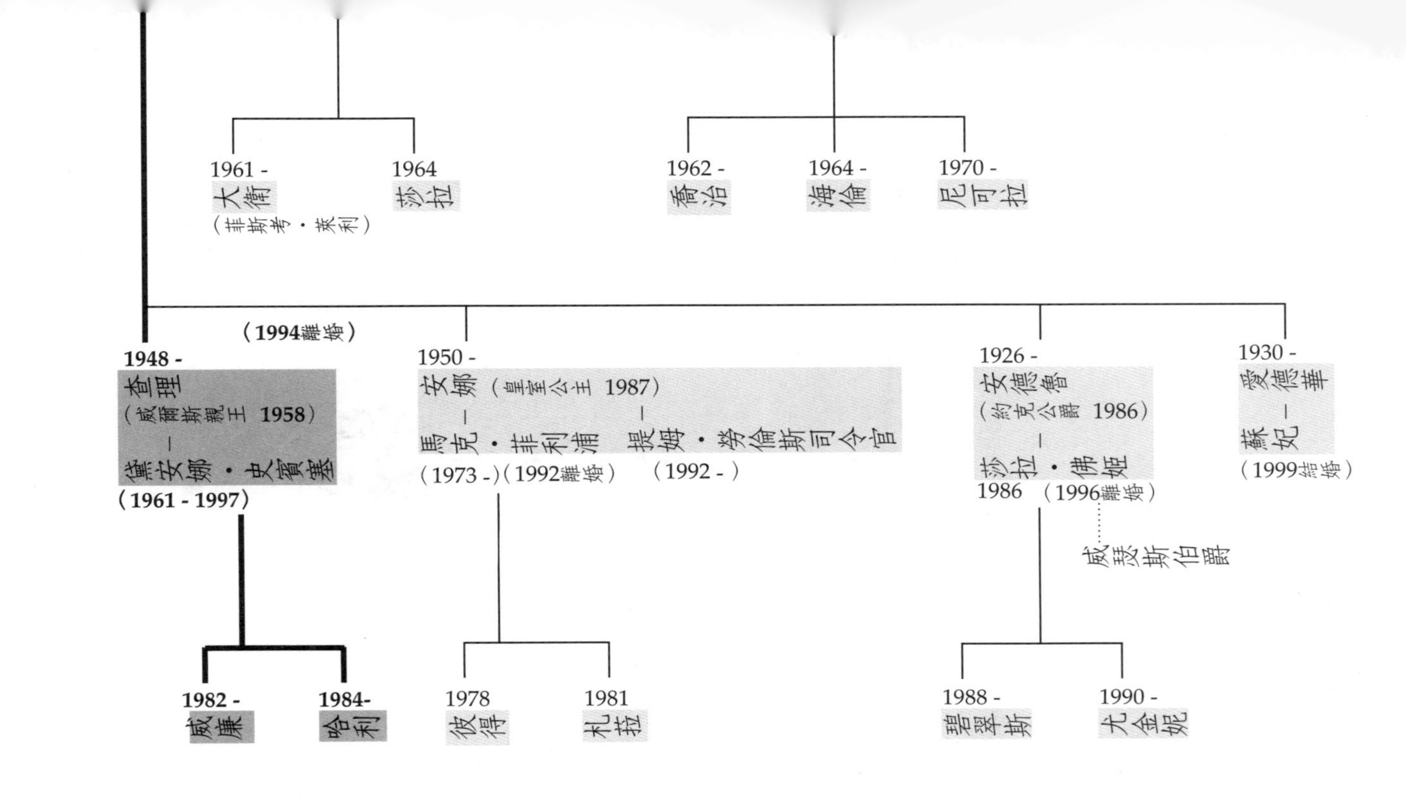

1961 -
大衛
（菲斯考・萊利）
1964
莎拉
1962 -
喬治
1964 -
海倫
1970 -
尼可拉
（1994離婚）
1948 -
查理
（威爾斯親王 1958）
—
黛安娜・史賓塞
（1961 - 1997）
1950 -
安娜（皇室公主 1987）
—
馬克・菲利浦
（1973 -）（1992離婚）
—
提姆・勞倫斯司令官
（1992 - ）
1926 -
安德魯
（約克公爵 1986）
—
莎拉・佛姬
1986（1996離婚）
威瑟斯伯爵
1930 -
愛德華
—
蘇妃
（1999結婚）
1982 -
威廉
1984-
哈利
1978
彼得
1981
札拉
1988 -
碧翠斯
1990 -
尤金妮

"Lead an adventurous and honourable youth"

「膽大愛冒險、尊貴的少年生活」

羅伯特・路易斯・史蒂文生

(Robert Louis Stevenson)(1850 - 1894)

第一章 誕生

The Man Who Will Be King

第一章　誕生

I 生命的喜悅

啣著金湯匙出生

一九八二年六月二十一日那天，在一個明麗夏日的薄暮時分裡，英國未來的國王——威廉・亞瑟・菲利浦・路易斯，終於呱呱落地。這個初生的小傢伙有七英磅十盎司重，長著一頭捲曲的美麗金髮，還有一雙清澈碧藍的眼睛。醫生宣佈這個王位繼承人完全正常健康，而小王子也在精疲力盡的母親開始餵奶的時候，報以活力充沛的哭叫聲證明。他的父親——威爾斯親王（Prince of

Wales），在整整十六小時之久的生產過程中都守候在妻子的身旁，他現在感到無比的幸福，因而興奮的打電話告訴他的父母、弟妹這個好消息。他的妻子——黛安娜（Diana），剛剛確保了溫莎王室（House of Windsor）的血統，能安全無慮的延續到下一代。

就在黛安娜王妃漫長辛苦的生產過程結束僅僅三十六小時後，她隨即辦理出院，走出倫敦市帕汀頓區（Paddington）聖瑪莉醫院（St. Mary's Hospital）的私人病房，進入等候在外的群眾、攝影記者，以及電視媒體工作人員的滿堂喧嘩聲中。這個尚未命名的未來國王，被包裹在一條蕾絲巾裡，由他驕傲無比的父親雙臂抱著，在首次遭受大批媒體搶拍新聞照片中沉沉睡著。此時，疲憊的黛妃驕傲地看著她的丈夫將兒子抱進車座裡，然後返回肯辛頓宮（Kensington Palace），也看著威廉的生命將成為全世界最著名家族重心的開始。

在這位新繼承人的名字尚未正式宣佈之前，英國人足足花了七天的時間猜測、爭執，並且在報紙上引起了熱烈的討論，出版商們也瘋狂的下注。據人們得知，黛安娜偏愛中上階層常見的時髦名字，比如瑟巴斯汀（Sebastian）和奧立佛（Oliver）。然而，查理卻一直為了堅持以維多利亞女王的皇夫——亞伯特為名而遲遲拖延著。最後，終於採納了折中妥協的決定——以威廉為名，因為這個名字適當的融合了傳統與時髦的特質。

從黛安娜知道自己懷有威廉那一刻起，身為父母的查理和她都決意要愉快的度過這段懷孕期。查理王子在王妃懷孕期間，曾閱讀大量有關父親角色的書籍，甚至參加了有關生產的演講。而威爾斯王妃自己則遠在腹部隆起之前就穿起了孕婦裝。王妃的懷孕是非常公開的，這回皇室史無前例的允許攝影記者可以接近她。事實上，這可能是歷史上最被激烈談論的懷孕事件之一，時事評論家們爭相詮釋這件皇室後代出世的歷史意義，健康生活作家也不斷在懷孕期各個不同的階段上，提出他們的經驗判斷和意見，街頭巷尾都在猜測著未出世嬰兒的性別。然而王妃總是公然堅稱不知道她的第一胎會是男孩或女孩。

黛安娜打破皇室傳統

事實上，在懷孕初期的一次詳細掃描檢查，她和查理已經確切的相信這是個男孩。從這時後開始，黛安娜就決定要打破所有皇室對她灌輸過的傳統慣例。她要求在醫院裡生產便是其中一例。事實上，白金漢宮（Buckingham Palace）內有完善的醫護設備，並有皇室專用產房，而所有皇室的嬰兒都是在眾多護士、助產士及醫生的圍繞下出生的，更別說是出生為王位繼承人的王子。但是，黛安娜卻堅持說，萬一生產過程有任何的差錯發生，她的嬰兒需要有最快速的途徑，把他送到醫學技術設備最先進的新生兒急救中心。查理也被她的觀點所說服，所以威廉就在一間民間醫院裡誕生了。

但是，查理在替他的第一個小孩選擇奶媽時，卻不是那麼容易被說服。身為最上等階級的小孩，他從小都是由一位皇室奶媽照顧的。替小王子威廉選擇奶媽時，他要的是非常熟練皇室禮節的老奶媽——梅寶・安德森（Mabel Anderson）。但是，黛安娜卻有其他的想法，她不想讓一位舊式、規規矩矩照例行事的人當她兒子的奶媽，她要的是一位不拘泥慣例、想法進步的奶媽，更重要的，她必須是一位能在育嬰室裡聽她指揮的奶媽。

其實私底下，黛安娜並不想要任何人來照顧她所愛的小兒子；她希望能親自照顧他，不過，她也接受她需要育嬰協助的勸說。當然，她是威爾斯王妃，陪同她的丈夫出席官方正式的慶典宴會是她應盡的義務。她不能也不會接受的是：她對自己小孩的愛，可能會被一個請來的助手所替代。最後，查理妥協了，同意任命林業工人的四十二歲女兒芭芭拉・巴尼（Barbara Barnes）為奶媽。她是一個不苟言笑的女士，沒有受過正式的訓練，她從來不穿制服，而且最重要的是，她並沒有把皇室的育嬰室，當作是自己私人的王國，或者把自己當作是母親的替代人。芭芭拉並不是單獨一個人待在育嬰室的，因為她還有一位有經驗的育嬰助手——歐佳・包威爾（Olga Powell）侍女。這樣的主僕體系產生了非常良好的效果。查理和黛安娜可以自由自在的出入育嬰室；親王對於替他兒子換尿布和洗澡有很大的樂趣，黛安娜也會花上好幾個鐘頭的時間，與她的小男孩說話、玩耍。威廉一有任何小兒病（像傷風、感冒或咳嗽）的徵兆，當晚黛安娜一定會在育嬰室裡，陪在他的小床邊。

查理贏得教父母決定權

如果說黛安娜贏得選擇奶媽這場戰役，那麼毫無疑問的，她的丈夫便是贏得了選擇教父、母決定權的人。黛安娜希望至少有一位婚前年輕時期的好友，能被列入名單裡。然而人選卻被改為年紀相仿的塔麗（Tally），她是英國最富有的地主——西敏寺公爵（Duke of Westminster）的夫人，因為她的丈夫和查理親王是好朋友，所以被邀請來當威廉的教母。名單上還包括查理的密友——前希臘君士坦丁國王（King Constantine of Greece）；一位年高德劭的女王侍女——蘇珊・哈絲（Susan Hussey）夫人；亞歷桑卓公主（Princess Alexandra）；以及蒙特伯登爵士（Lord Mountbatten）的孫子羅西爵士（Lord Romsey）。最引發爭議的候選人，就是現已亡故的勞倫斯・范恩・德爾・波斯特爵士（Sir Laurens Van Der Post），當時他已屆七十六歲高齡，也是查理的一位密友。這位勞倫斯爵士是個日本戰俘（POW）的倖存者，既是哲學家、詩人，也是短篇小說家，當時是被列為萬用資格（wildcard）人選。於是，在一九八二年八月四日那天下午，威廉王子便在他教父、母的圍繞下，在白金漢宮的音樂廳舉行受洗儀式。威廉的教父、母們一個接一個的，以基督的信心宣誓保證教養他長大，並且發誓要在他的一生中幫助、引導他。正如時間所證明出來的，威廉在往後起伏的人生歲月中，的確需要這些長輩們的關愛與幫助。

威廉總是擺在第一位

查理和黛安娜兩人都決定要讓威廉度過一個正常快樂的童年，因而為此作了一項重要的決定，他們倆決定絕不長時間離開威廉身邊。查理在還是小孩的時候，一天當中只能見母親兩次，一次是在早上九點左右的三十分鐘，然後是近傍晚時分的另一個三十分鐘。其他的時間都由奶媽來照顧查理最初五年的兒時生活。

查理還記得他小時候孤寂悲傷的感覺，因為他自己的母親（女王）在他們小孩面前說明完她的任務，然後就在他們的生活中消失了數月之久，就為了訪問英國國協的各個領地。當女王母親和王子兒子，彼此就像陌生人那樣彬彬有禮對待時，這個世界卻在女王離開他進行六個月之久的皇室訪問之後，查理目擊了國家的再統一。在那樣的場合上，長輩告訴查理要與他的母親握手致意，而他也照著這樣做了，沒有親吻或擁抱，也沒有歡笑有趣的道別場面。查理常常告訴黛安娜他的悲哀，他感覺到母親離他好遠，黛安娜自己小時候卻沒有過這樣的經驗。所以，每年到了皇室暑假時，他們三個一起搭機前往巴爾摩洛（Balmoral）度假，查理總是會親自抱著他兒子步下飛機，黛安娜隨後下機，奶媽則提著嬰兒設備走在後面。這樣的親子畫面，對查理而言，才是彌足珍貴的。

一九八三年一月，威廉出生後六個月，查理認為黛安娜需要離開她兒子去度假休養一段時間。因為既想竭盡心力盡到身為威爾斯親王妻子的義務，又要不眠不休盡到照顧威廉的母性天職，不堪負荷之下，黛安娜的健康開始引起了關切。不過，那一個星期在列支敦士敦（Liechtenstein）公國的佛朗茲・約瑟夫王子（Prince Franz Joseph）古堡裡的短暫休養，並不是個很快樂的假期。黛安娜大半時間都花在為了思念威廉而流淚上面，因而看起來似乎是得了產後憂鬱症。由於黛安娜的精神實在很差，於是夫婦倆不到一星期就回到了英國，黛安娜還特別地下定決心，如果沒有正當的理由她決不再離開威廉。

她的決心很快就受到了考驗。威廉出生後不久，皇室宣佈查理夫婦將有一趟澳洲的皇室訪問之行，屆時會離開英國六星期之久的時間。黛安娜很清楚的表達了她的感覺：她並不想在威廉成長過程中這樣重要的階段與他分離。於是，肯辛頓宮和白金漢宮之間便劇烈的爭執起來，最後因為女王從中調解，才同意讓查理和黛安娜帶著小王子一同前往。就這樣，在一九八三年春天，這個年輕的家庭便抵達了澳洲，隨同的還有巴尼奶媽，以及許許多多的嬰兒設備、有機食物、維他命和食物補充品，一切都準備得齊全完美。威廉和奶媽待在新南威爾斯州（New South Wales）的烏瑪卡碼（Woomargama）小城裡，而他的母親、父親則在這個國家四處來回旅行訪問，與不下上百萬人會面。無論何時只要時間允許，他們就搭機回來與兒子共度時光。這是另一件脫離皇室禮節的成功事件，雖然其他的訪問旅行並沒有帶著威廉同往，但這件事已經在皇室家族裡，立下了黛安娜的作風：威廉總是擺在第一位——無論皇室的禮節是多麼專橫獨裁。

II 早熟

對外在的敏銳探索

與他的父親一樣，威廉是一個早熟的小孩，生活在奶媽溺愛的保護當中，他藉著與父母談話、玩耍學會了簡單的語彙，並且充滿了好奇心。一九八三年在巴爾摩洛的暑假期間，當時只有十五個月大的威廉，就曾經引起大騷動。當奶媽把他獨自留在育嬰室玩玩具，才一會兒的時間，他就認出了安裝在育嬰室牆上一枚吸引人的按鈕，然後按下它，把警報的信號傳送到亞伯丁（Aberdeen）警備總部。警察急速趕到了巴爾摩洛，立即封鎖了古堡和整個外圍庭園，等荷槍肅衣的警察大隊心急惶恐地推開育嬰室，卻只見到威廉露出一臉的無辜和童稚。巴尼奶媽當時困窘得不得了，而查理和黛安娜卻認為這只不過是小小的一個鳴叫聲而已。

備受寵愛的袋熊

像大多數蹣跚學步的小孩一樣，威廉對每件事都感到興致盎然。他最討人喜愛的惡作劇，就是把任何手能抓到的東西，丟入抽水馬桶去，甚至連查理的鞋子也不能倖免。就像天底下所有的父母一樣，黛安娜和查理認為這些孩子氣的搗蛋行為都是蠻有趣可愛的，所以他們並沒有處罰這個小男孩，反而將他取了個「袋熊」（一種澳洲的小熊）的綽號。目前看來，至少威廉王子是無條件的被寵愛著，令人無法相信的被縱容著，而且成為他父母世界裡的中心。

哈利王子的出生

一九八四年一月，黛安娜又懷孕了，這一次，她又被允許住進了聖瑪莉醫院，並且在一九八四年九月十五日那天（當時威廉王子才二十個月大），生下了第二個兒子——亨利・查理・亞伯特・大衛王子（Prince Henry Charles Albert David），也就是後來大家所知道的哈利。這次懷孕，黛安娜擔心威廉可能會忌妒即將出世的小弟弟，害怕威廉對小弟弟不友愛，這樣的想法深深地縈繞在她心中。她請教了有小孩的朋友關於這方面的問題，並且不管什麼建議、做法，她都加以仔細的研究，深入了解。

雖然在哈利出生後，她很快就決定要出院，但是她還是堅持威廉必須先來探訪他們，以儘快與初生嬰兒建立起兄弟關係。所以生產後第二天早上，威廉、查理親王和巴尼奶媽就驅車到了聖瑪莉醫院，然後一起上樓去探視新來到人間的嬰兒。威廉一踏出電梯，黛安娜就知道了，因為她正在等著他。黛安娜看到威廉，就立刻將他擁入懷中，因為這樣一來就可以讓威廉知道，母親擁著他、關愛著他，並不因為有了弟弟而忽略了他。威廉就在這樣的情況下，第一次和他的弟弟見了面。

黛安娜先前的擔心害怕，很快地就消失了。威廉是如此寬大親愛他的弟弟。從他第一刻看到哈利起，就被吸引住了，一有機會他就想拉住哈利一同玩耍。

當哈利出生三個月後，在溫莎城堡（Windsor Castle）庭園內的聖喬治教堂（St Geroge's chapel）受洗時，威廉的失控表現已經開始有點令人討厭！雖然被告誡著不能拉住弟弟，當著千千萬萬的電視觀眾面前，威廉竟不肯受約制的跑過觀禮的貴賓，甚至不理會試圖勸服小孫子的女王。無疑的，威廉已漸漸成為「有點難以管束」的孩子了，他的行為也開始對女王、菲利浦親王，以及循規蹈矩的查理親王，發出了警訊。倒是黛安娜或許因為曾有過育幼院的經驗，對威廉的行為完全是以輕鬆的態度看待，認為毋須以哄誘方式引導他表現出正當的行為，對於兒子的一些搗蛋頑皮也只是一笑置之。巴尼奶媽也因溺愛她的小主人，而沒有約束威廉基本的行為規範。然而，威廉已經完全的被寵壞了。在哈利受洗不久之後，女王母親邀請他們全家到伯克宮（Birkhall）——她在蘇格蘭的別宮去，結果威廉王子在那裡到處嬉戲亂跑，鬧得不可開交，差點兒就把女王的餐室搗毀，同時也因為對僕侍的不尊敬和粗魯態度觸怒了他父親，而傳出了壞名聲。

III 進入幼稚園

三歲就讀米諾斯夫人育幼院

黛安娜終於承認威廉的行為的確是漸漸脫軌了，必須採取適當的管教措施。她明白這時候是該停止縱容威廉了！對他的教養態度也該從嬰兒期轉變到幼兒期。這時威廉三歲。縱然，查理希望威廉遵循皇室傳統，由一位御派女教師來教他基礎的讀寫能力，讓他在宮裡接受初期教育；但是黛安娜覺得，兒子若與其他小孩一起學習會獲得更多好處，而且也會擁有與他同年齡的玩伴。

有一天下午，她帶著威廉去參觀一所可能就讀的幼稚園時，她觀察到他嘗試著想加入其他小孩當中和他們一起玩。但是幾分鐘之內，事實就顯得很清楚了：雖然威廉很想加入他們好玩的遊戲當中，但是他沒辦法（因為他不知道怎麼加入)。當天晚上,她把這個令人難受的小插曲告訴了查理,他終於同意讓威廉到幼稚園就讀。

像他們為愛子所作的每件事一樣,查理和黛安娜花相當長的時間在學校的選擇上。尤其是黛安娜,她樂此不疲的研究著,還去詢問她的朋友、親戚,並且拜訪許多學校;最後終於選定在離白金漢宮只有幾分鐘車程的諾丁山地鐵入口區(Notting Hill Gate)附近的米諾斯夫人育幼院(Mrs Minors' school)。

查理回想起他自己上學第一天遇到的小小困擾,所以,他和黛安娜坐下來靜下心地,共同寫了一封信給所有公家報紙的編輯記者,要求他們留給威廉平靜的學校生活。另一方面,米諾斯夫人和寧靜落葉街區的鄰居約定;黛安娜則私下和其他學生的父母說好,要他們共同努力防止消息走漏到報社裡,並且若有對威廉上學造成任何不方便之處,就必須要道歉。其他的安全措施也是必須的,比如,學校建築的一些窗户必須以防彈玻璃窗代替,威廉班上的教室裡也必須安裝警鈴按鈕，預先的作息安排，也要經過全天隨侍威廉的武裝便衣侍衛的同意才可進行。

愛打架的小孩

一九八五年九月的一個艷陽天，威廉穿著一雙紅短襪和格子裙迎接他的第一天上學日。威廉幾乎無法面對列隊久候的大批媒體。事實上，他的母親——黛安娜似乎顯得更緊張些。這是一所友善、令人愉快的學校，只有三個班級，每一班有十二個小學生。威廉從雛天鵝班開始讀起，然後轉入小天鵝班，最後再進升到大天鵝班。

在這個舒適的學校環境裡，威廉愉快的過著與大多數學齡前學生一樣的遊戲玩耍生活——畫畫、遊戲、作模型，同時也學數數，並且熟練基本的讀寫能力。不過，要是查理和黛安娜以為小王子一些不可愛的特質，可以藉由與同學相處而消失的話，那他們就要大失所望了。這個聰明的小男孩——威廉，很快就學會如何依仗權勢欺凌其他小孩了。

「如果你不聽我的話去做，我就把你逮捕起來，」這一句是在遊樂場最常被聽到的。他的貼身侍衛必須常常安撫這個王子小主人，但是，有時候威廉實在太機靈了，貼身侍衛稍有不慎時，他就和小同學打起架來了。因此，上學才幾個星期，威廉就被冠以「愛打架的小孩」（Basher）的綽號。

在另外一個場合上，威廉甚至把溺愛他的母親逼到了極點。幼稚園裡有一個小孩舉行生日舞會，威廉在舞會上誇大嚷嚷的非常厲害。他拒絕安靜的與其他小孩坐下來，老師責罵他，他就把食物摔在地上，老師命令他把地上的食物收拾乾淨，他就對教職人員大叫：「當我成為國王，我會召集所有的騎士來把你殺死。」在舞會結束，黛安娜尷尬地替威廉的行為作了解釋，但並沒有對兒子的專橫行為有些微的生氣之意。她告訴威廉如果再犯這樣的事，他會受到處罰。但是威廉的驕縱，對黛安娜來說已經不是什麼值得驚訝之事了。

桀驁不馴

威廉現在已經相當難以管教、事事過分要求而且專橫獨行了，對人粗魯無禮，並且拒絕聽從母親或巴尼奶媽的管教和指示。在晚上威廉還會不肯就寢，要人家替他把玩具拿來繼續玩耍，而且在許多的場合上，黛安娜都要用玩具來安撫她的兒子。如果黛安娜要他把玩具放下，他也會拒絕不肯，因而導致了威廉和他母親之間誰也不理誰的狀態。一般來說，這個小傢伙會聽從父親的話，但也都是在爭吵一會兒後才肯就範。

基本上，黛安娜和查理兩人都反對打小孩的耳光，不過，有時候如果他們認為威廉實在太離譜了，就會在他背後重重拍打一下。有一次，在溫莎大公園（Windsor Great Park）觀看他父親打馬球的時候，威廉竟走上前去將一個小女孩推倒在地上。他的母親目擊了這樣的意外事件，就急忙抓住威廉，並且在他背後結結實實重重的打了一下，結果威廉感到有些驚訝，還生氣的看著他的母親，不過最後他還是聽從了吩咐，向那個小女孩道了歉。

不過，那幾次的管教還不算多，而且每次之間相隔的時間也都很久。事實上，黛安娜和巴尼奶媽都知道對待他的態度不能太軟化；查理王子因為有強烈的責任感和禮節觀念，還有從小受嚴格規律訓練的成長背景，所以就開始擔憂兒子太過於放肆的行為，會引來批評不滿。然而，甚至是在公眾場合，威廉也開始表現得桀驁不馴。查理親王在一九八六年莎拉・佛姬（Sarah Ferguson）

與安德魯王子（Prince Andrew）的婚禮上，對他兒子的表現顯得特別生氣。

威廉王子在婚禮上當花童，其他的小孩在整個典禮過程中，都表現得非常規矩，只有威廉一人簡直是個小禍星。他在整個婚禮宣誓典禮過程中，非常地急躁不安，還對小伴娘吐舌頭作鬼臉，就像一般頑皮搗蛋的小男孩一樣。這一次，電視攝影人員捕捉到了他刁鑽古怪的鏡頭，所以查理非常的惱怒。此後，他不斷地嚐試（當著有些反對的黛安娜面前）灌輸紀律感給他的兒子，並且決定要前後一貫的執行他為父的教養之責。但是，親王卻常常必須為了皇室職責之故離家；此時，教養小王子的職責就落在奶媽的身上了！很顯然的：這位寬大不嚴格的巴尼奶媽，現階段必須由一個態度比威廉和哈利更強勢的人來替代了。

IV 威瑟比學前預校（威廉五歲）

屋頂奶媽華麗斯

一九八七年當威廉王子五歲時，他已準備要升到學前預校——威瑟比（Wetherby）（離肯辛頓宮只有五分鐘）就讀，同時皇室也決定讓芭芭拉．巴尼藉著這個機會離開。事實上，皇室有兩個理由要求芭芭拉．巴尼離開。一個理由是，黛安娜已經有點忌妒巴尼奶媽和威廉之間的關係了，因為威廉似乎很喜歡她；另一方面因為查理親王認為巴尼奶媽太寬大隨和了，而威廉已經開始需要一些嚴格的紀律訓練，所以在一九八七年一月，由魯絲．華麗斯（Ruth Wallace）接任芭芭拉．巴尼的工作，她是一個輕快敏捷、實事求是的女人，除了曾有過看護照顧病弱幼童的經驗外，她也是前希臘君士坦丁國王（查理親王的密友）的家庭奶媽。幾星期之內，當「屋頂奶媽」（兩位王子對她的稱呼）開始發揮了她個人的魅力，這兩個男孩的行為明顯地改變了。她鼓勵他們要友善對待所有肯辛頓宮和海格洛夫宮（Highgrove）的僕侍，兩人要循規蹈矩的嬉戲玩耍，最重要的，是她不斷灌輸給他們要守常規紀律的觀念。經過威爾斯親王多次的遊說之後，黛安娜做了一項重大的讓步。她同意如果華麗斯奶媽覺得有必要，便可以責打威廉王子。不過，黛安娜並不顧華麗斯奶媽的善意，如果威廉因頑皮受到處罰，她會去安慰平撫他，因此還是會常常擾亂了奶媽的調教效果。

威廉典型的一天通常是開始於早上七點半，這時華麗斯會喚醒他和他弟弟，替他們盥洗，幫他們穿戴整齊，然後將早餐端來，讓他們在寢室的餐桌上吃早點。雖然他們的父母為了對民眾盡職責，常常忙於準備外出，但是在他們各自出門前，孩子們總會看到他們。威廉在向他父親道別時，總是咯咯笑著敬禮表示。而黛安娜不管什麼時候，只要她能夠，都會自己開車送他們到學校，而且晚上一定會回到肯辛頓宮，在床邊說故事哄他們入睡，親吻道晚安。

威廉挑戰規定

每到星期五的下午，像許多倫敦上層階級的家庭一樣，威爾斯家也會開車出城，到鄉下的家——格洛斯特夏郡（Gloucestershire）的海格洛夫宮邸（Highgrove House）度週末。在那兒，男孩們開始喜愛並欣賞鄉間的生活，他們到附屬於他們領地的農場參觀拜訪，在樹林裡嬉玩，並且學騎小馬。尤其特別的是，威廉還會習慣性地挑戰規定，比如他常常就在就寢時間左右突然不見了，因為這樣一來，他就可以獲得一些額外玩耍的寶貴時刻。但是整體來說，他的行為已大有進步了。

由於學校對威廉行為舉止的嚴格要求，讓他在安頓下來後，很快地就學會在尊貴人群裡表現社交的技巧了。他為女士開門，還有稱呼男士「先生」的有禮表現，可說是完美無瑕。他也能像大人一樣與人握手，甚至有自己獨特風格的皇室揮手方式。查理親王和黛安娜王妃，終於如釋重負的鬆了一口氣，他們的小王子，開始表現得像個皇室繼承人了。

父母的裂痕

正如所有紙上談兵的心理學家說的，「壞行為表現的小孩子，常常是要表達他們不能用口語說出來的事，而那些事與孩子們的世界是不調和的。」威廉王子之前的行為會表現得如此叛逆，或許一點也不會令人感到驚訝；事實也確實顯示出威廉的父母之間並不和睦。他父母的婚姻曾經是如此地相愛且彼此敬慕，到了一九八五年末卻出現了裂痕！黛安娜的飲食問題「貪食症」，以及查理又回到他的舊情人——卡蜜拉・帕克・鮑爾（Camilla Parker Bowles）身邊這件事，已經意味著這對夫妻雖同住，卻是貌合神離的事實了。

當他們一起出現的時候，世人也可以看到他們之間的氣氛顯得緊張又冷淡。到了一九八七年查理大部分的時間都待在海格洛夫宮邸裡，他把所有個人的事物都移出了肯辛頓宮，接著又把他的官方辦公室遷到海格洛夫去，幾乎難得在倫敦過上一夜。黛安娜則一個人單獨留在倫敦，與威廉、哈利過著愉快的生活。

縱然黛安娜成長的背景是在鄉間，但她卻不喜歡鄉下生活，她偏愛上流社會的複雜世故；琳瑯滿目的熱鬧街道；以及繁華擾嚷的倫敦生活。結果造成了威廉和哈利，只有到海格洛夫度週末時才能看到他們的父親。在那寶貴的幾天裡，即使在用餐時，他們的父母也常常都處於森冷、不相讓的對峙局面，而最後都在幾近沉默中，讓僕侍收拾完餐盤。黛安娜和查理之間的關係已經到了冰點，他們很難彼此以禮相待了！分開獨處是讓彼此各自擁有理性、平和的對話。

在那些週末假期裡，查理依例都會在圍牆的花園裡消磨度過，而黛安娜則在便衣侍衛和管家僕侍人員的協助下，與男孩們開心的玩樂。查理試著想讓威廉參與園藝工作，還替他買了一套袖珍的園藝工具以便吸引他加入，但是並沒有引起威廉的意願。沒多久查理就失去了耐心，這個計劃就在失望中結束了！

或許是為了補償他們父親索然無味的生活方式，也或許是為了使查理難堪，黛安娜王妃開始帶著男孩們到主題公園像愛爾頓堡樂園（Alton Towers）遊玩，一會兒玩小賽車，一會兒到漢堡餐吧去大快朵頤一番。她又帶威廉和哈利到劇院看舞台劇「約瑟夫的神奇彩衣」（Joseph and the Amazing Technicolour Dreamcoat），接著到溫布頓（Wimbledon），坐在皇家包廂最優勢的觀看台上，觀賞各項運動的全國總決賽。

與生俱來的運動細胞

威廉喜愛各種運動，尤其偏好速度極快的。他從小就是一個熟練的騎馬師，可以輕易自如的從無鞍的小馬背跳上跳下，甚至還能立在他健壯的謝德蘭（Shetland）小馬的馬鞍上奔馳呢！在威瑟比學校裡，他最擅長賽跑和跳高。到了羅契洛夫（Ludgrove）就讀時，在足球場上他剛開始顯得有點猶豫，不過，經過鼓舞激勵之後，卻變成了一位優秀、甚至有攻擊力的球員，還被選為代表學校首度成軍的足球校隊。

他的運動教練給他的評語說，威廉在球場上表現得英勇無畏、精明準確。就像他的母親一樣，他是個天生的網球員，從小也學會了游泳。他喜歡陪母親在白金漢宮的游泳池游泳，也會去其他黛妃常去的倫敦健身俱樂部的游泳池。就像黛安娜的讚許：「有時候威廉游泳和潛水的方式，簡直就像魚一樣自然。」

但是，為了取悅他的父親，威廉也會表示出他對傳統鄉間運動的愛好，並不亞於對刺激快速的幼兒車和滑板溜冰運動的熱愛。

從四歲起，當他被帶去聖德令干領地（Sandringham Estate）第一次觀看射擊比賽時，他對射擊就一直很著迷，在那回，他曾第一次對著天空揮舞他的玩具槍，七歲的時候，他學習「連擊」槍法（追擊雉雞），到了十歲，他已經學會了成為一名優秀射擊手的所有基本技能了。

威廉已經長大成為一個叛逆、膽大的頑皮鬼了！他的身影不斷地穿梭樹林、翻爬籬笆、跨越鐵欄、攀爬圍牆，就算是受傷也不肯就罷，這對他已經是家常便飯了。他也喜歡爬樹，而且是愈高愈好，有時後，他的便衣侍衛還必須將他從五十尺高的樹上，一步步引導營救下來。大家都知道他常常受傷，然而，就在為疼痛哭完以後，他會再回到原來的遊戲上繼續玩，重新再冒一次險。

自從威廉四歲以來，他最喜歡的遊戲是揮舞他的塑膠玩具機關槍、來福槍、手槍以及長劍來威嚇別人。他也是一位傑出的水槍槍手，人人都知道他能精確無誤的瞄準、射中他們，令他們甚為驚恐狼狽。他也喜歡取笑女人，尤其是他的母親。他五歲的時候，已經養成了捏他母親臀部，讓她嚇一跳的調皮習慣，通常，黛安娜都會笑著驚叫起來，因而鼓勵了她小兒子的這種行為。不過，威廉接著又去捏其他女人的臀部，包括女侍、女僕侍，以及到肯辛頓宮拜訪黛安娜的女性友人。有一次，在一個學校的運動日裡，有人看到他捏了一個女人的臀部，黛安娜堅決表示出反對之意，他就表現出有點威脅她的樣子。

此外，海格洛夫的皇室工作人員永遠不會忘記有一次，當五歲的威廉從肥料堆裡挖起一隻埋著的死兔子，在他頭上旋繞著揮舞擺動，並且叫喊他媽媽來看當時的情景。他恐嚇威脅的要把牠丟向黛安娜，但是她的尖叫聲喝阻了他，威廉這才把動物屍體放回肥料堆上。

V 進入羅契洛夫預校（威廉八歲）

學校的寄宿生活

到了一九九〇年，威廉開始了如一般學生的通勤生活——每天早晨上學去，下午回來。令黛安娜感到非常不捨的是，這也是該把這個小男孩送離家去寄宿求學的時候了。不過，由於黛安娜自己是小女孩的時候，也曾被送去寄宿求學，她相信寄宿生活會幫助威廉安頓下來，引導他的成長方向，並且鼓勵他去了解他所負的責任。同樣的，在學校的挑選上，皇室又花了許多的心思去研究調查。

英國倫敦周圍六郡以擁有多所一流的私立預校聞名，這些學校都設有許多不同領域的專精科目課程。在仔細調查研究之後，黛安娜和查理選定了博克夏郡（Berkshire）的羅契洛夫預校（Ludgrove Preparatory Shool），因為它有便捷的公路交通動線，而且距離在倫敦的黛妃，和在格洛夏斯特郡的查理，兩地的路程都相當近，這是一所氣氛親善溫馨的學校，擁有優良的運動比賽紀錄。最重要的是，學校避開了大眾窺探的視線，坐落於一百三十英畝廣的佔地當中。校址遠離了公路且極為隱密，因此幾乎不可能被窺視探看到。

一九九〇年九月秋季學期開學的第一天，威廉王子隨同他的父母踏進了這所每學期兩千一百英鎊的學校，並且與校長傑拉德・巴柏（Gerald Barber）握手。在彼此道別時，黛安娜哭得像個淚人兒似的，威廉卻保持著非常冷靜的樣子。這個男孩要轉為成人的轉變期已經開始了…

父母的冷戰

事實上，威廉離家寄宿在學校裡，或許可以算是一個喬裝的恩賜吧！因為到了一九九〇年冬天，他父母之間的僵局冷戰是如此地惡劣難堪，以致他們週遭的人，都因他們互相憎恨之故被遣離了。只有出現在公開社交場合面對群眾時才會控制彼此的情緒，表面上這對夫婦會搭乘同一部車離開，但是只要他們一遠離了人們的視線便馬上分開，然後往各自不同的方向離去。當然，媒體便開始如潮湧般不斷地檢視皇室夫妻關係的真正本質，皇宮的官員卻極力粉飾這樣的裂痕，推說這樁皇室婚姻的確深深存在著問題。

如同其他問題的婚姻家庭一樣，要讓小孩遠離爭吵之外是不可能的，威廉的情況也不例外。偶而，威廉會目擊父母彼此尖叫對罵的場面，這些通常都是在鄉下海格洛夫時，這對皇室夫婦真的想談和卻失敗時發生的。有一次在特別不愉快的爭吵後，他母親把自己鎖在浴室裡啜泣，威廉就從門底下推進去一張紙，紙上寫著：「媽咪，不要哭。」在另一次的爭吵後，他打電話給她最喜歡的餐廳——倫敦博夏普區（Beauchamp Place）的聖羅倫佐（San Lorenzo）餐廳，為他兩人訂了用餐桌位，只為了能讓她高興起來。

不過，即使是離家寄宿在學校裡，他父母不快樂婚姻的壓力一直都沉重的壓著他。學校其他的寄宿生會寫信對他們的父母說，威廉會常常一個人將手插在口袋裡，聳肩彎背繞著操場漫步，看起來就像負載過多世人的關懷，而想逃避似的，甚至老師想幫助威廉遠離泛湧的新聞消息和流言的關懷，他也無動於衷。

威廉知道他的父母彼此無法忍受看到對方，這使得他非常不快樂。突如其來的一件意外，卻也顯出了威廉此時的尷尬處境，讓他覺得自己離父母好遠好遠……

意外傷害

一九九一年六月三日，威廉在學校與同學打高爾夫球，當時其中一位同學不小心用鐵桿重擊到他頭部，他當場昏迷倒地，血不斷從傷口湧出來。他及時的被送到皇室博克夏醫院（Royal Bershire Hospital）意外傷害科診斷急救，當時極為憂慮不安的黛安娜和查理在旁看顧著他。當醫生檢查過傷口，宣佈情況嚴重，他父母又開始爭論要送到哪所醫院急救最好。查理想把他送到諾丁漢（Nottingham）的女王醫療中心（Queen's Medical Center），因為去年他曾在那兒治療過臂傷，然而，黛安娜卻接受了在場資深醫生的建議，堅持要把他送到葛瑞特歐蒙街兒童醫院（GT Ormond Street Hospital for Sick Children）去。黛安娜的堅持獲勝了，她和威廉坐在救護車裡，由警車和外圍摩托車隊護送，飛速開往倫敦。受挫又受責的查理則開著奧斯頓馬汀（Aston Martin）跑車跟在後面。

在倫敦的醫院裡，醫生診斷威廉是因受到壓力撞擊而頭骨破裂，需要開刀來確定受傷的詳細程度。黛安娜陪在剛從七十五分鐘的手術清醒過來的威廉身旁，並且和他一起度過那個漫長的夜晚時，然而查理親王卻還得繼續盡他皇室的義務，坐在科芬公園的歌劇院（Covent Garden）裡看完歌劇「托斯卡」（Tosca）的演出。打完一通電話給醫院查詢威廉的情況之後，接著查理又得搭乘夜班火車到約克（York），去和各個不同的組織團體討論環保綠化問題。

縱使威廉發生這樣的意外傷害，他也已經開始進入盛放的青少年歲月了。他的行為舉止都顯得完美無瑕，而且對其他人的態度也變得極為體貼周到。有一次這個皇室家庭拜訪了巴爾摩洛附近的克里斯教堂（Crathie Church），在教堂裡，威廉很自然的親近他的曾祖母（女王的母親），並且扶她走過教堂的走道，步出大門，一直送她到等候在外面的車座前。

父母正式仳離

這個多愁善感、才華洋溢的男孩，在各方面也表現出成為第一流運動員的跡象。在學業表現上（縱然有些報紙的報導是相反的），威廉的勇氣表現，在羅契洛夫預校他的班上高居為第三名；對於學校戲劇的演出也總是第一個舉手表示願意參與的。

威廉與母親更加親近了，幾乎每晚都要從學校打電話給他母親，並且按時寫信向她敘述學校日常生活的近況。威廉變得非常關心母親，視自己為保護她的人，而且決定要讓她一直過著快樂的生活。有時候黛安娜會開車到學校去看望他，他們兩人會親密的談天說笑漫步校園操場，這樣的情景只能讓查理親王羨慕不已。

對許多人來說，威廉似乎已經變成他母親的生活重心了，許多觀察家於是開始擔心，她會帶給她兒子太多的壓力。她稱他為「我生命中的男人」，而且在一張張她兩人合照的照片中，可以看到黛安娜幾乎都是將身體緊靠住小威廉，好像他是她的支柱似的，需要他全部的愛和力氣來支撐著自己。因為在一九九二年，皇室的婚姻危機已經戲劇化的，被一些詳細描述黛安娜不幸婚姻生活的書所公開了。

雪上加霜的是，黛安娜和她的朋友詹姆斯・吉爾貝（James Gilbey）之間的談話錄音帶出版了，黛安娜在談話中表達了她對皇室家族的嚴厲指責，因為她相信他們故意排擠她。錄音談話也表達了黛安娜想脫離他們，脫離她丈夫，重獲自由的想法。短短幾星期之內，皇室所有的出席都被取消了，這樁名存實亡的皇室婚姻真相，逐漸赤裸裸地攤在聚光燈下。

一九九二年整個秋天，正當查理親王、黛安娜王妃，以及女王在為這個窘境尋找合理的出口時，威廉王子正待在羅契洛夫，他必須克服隨時要看報紙時，整版的不實報導或胡亂的猜測臆想映入眼前。當然，還要與批評他，嘲笑他的同學辯論澄清；總之，對一個十歲大的男孩來說，這是一個相當不幸的時期。

到了一九九二年十二月，皇宮方面最後承認挫敗——這對夫妻之間的復合是全然不可能的，這個皇室童話真的是完全結束了。

十二月九日那天，首相約翰・梅傑（Prime Minister John Major）在國會下議院（House of Commons）正式宣讀這項聲明：威爾斯親王和王妃結婚十一年後，正式仳離。在這前一天，淚流潸潸的黛安娜曾驅車到羅契洛夫告訴威廉這個決定，並且試圖跟他解釋的清楚一些。為了表達自己永遠的可信賴，小威廉用一種遠超過他年齡的成熟，回應了這個突如其來的的消息。他轉向他母親，親吻她的臉頰，然後說：「我希望現在的妳比從前快樂。」

黛安娜王妃和剛出世的

在馬場上的威廉和黛安娜王妃

一九八六年七月，調皮的威廉王子在安德魯王子和莎拉・佛姬的婚禮上對群眾揮手。

一九八六年七月，在婚禮上水手裝扮的威廉王子。

一九八七年六月，吃著草莓冰淇淋的威廉。

一九八七年四月，威廉在巴爾摩洛的小河丟擲石頭。

一九九一年三月，威廉在卡地夫第一次「走訪民眾」的步行儀式。

一九八六年八月，在巴爾摩洛的威廉和黛安娜

一九八四年九月，威廉和查理親王一起在亞伯丁機場。

一九八九年威廉在馬球場上

一九九四年十月，威廉與波福狩獵隊（Beaufort Hunt）。

一九八八年四月，在海格洛夫的馴馬師摩理恩．考克斯（Maureen Cox）陪同下學騎馬。

一九九二年二月，在卡地夫阿姆斯公園（Cardiff Arms Park），當時心情顯然很愉快的樣子。

羅契洛夫預校

威廉在哈利王子七歲生日一星期之後，與他合拍的照片。

威廉與教練賈基・史都華在一級方程式賽車的駕駛座上。

一九九二年七月在英國格蘭披治大賽車會場上，神情快樂的威廉王子與他的兩位英雄——前一級方程式冠軍車手（Formula I Champions）賈基・史都華和文素（Nigel Mansell），一起合照。

一九九四年七月，和他母親在溫布頓觀看女子網球決賽。

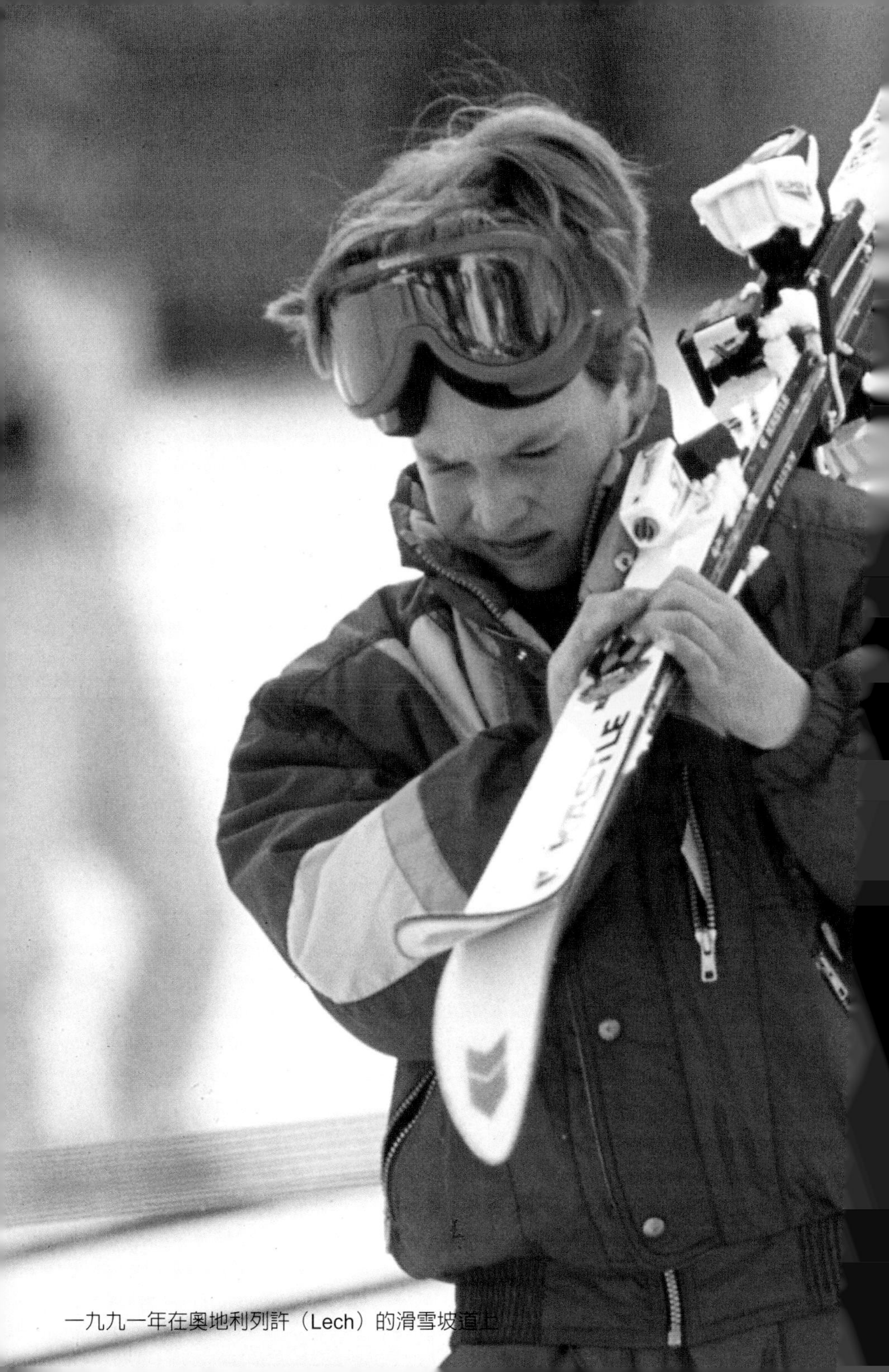

一九九一年在奧地利列許（Lech）的滑雪坡道上

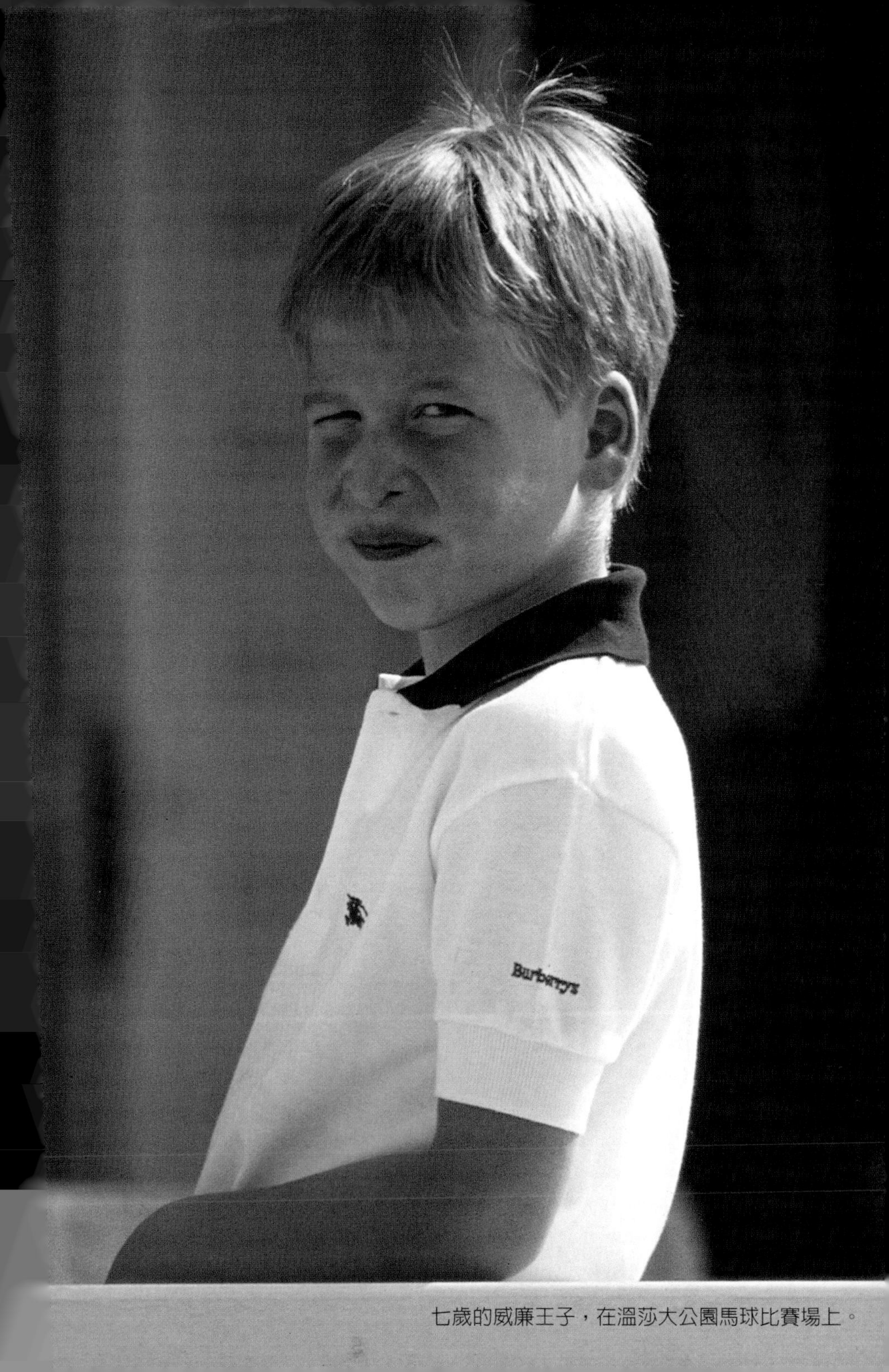

七歲的威廉王子，在溫莎大公園馬球比賽場上。

一九九二年七月，在英國格蘭匹茲大賽車會場上。

一九九一年七月，黛安娜王妃與威廉在溫布頓觀看比賽。

一九九一年與黛安娜在卡地夫的聖大衛節日（St. David's Day）上。

第二章 成長

"He wears the rose of youth upon him"

「他緩緩度過了嬌嫩的青春年少。」

莎士比亞（Sakespeare）

第二章　成長

I 面對父母仳離的威廉（威廉十歲）

承受父母離異的壓力

一九九二年十一月九日，首相約翰・梅傑在肅穆的國會下議院宣讀了一項聲明，宣告威爾斯親王和王妃結婚十一年後，正式仳離。唯一使聚集在下議院聽取宣讀的國會議員驚訝的是，聲明中提到了這樁婚姻仳離「不具憲法上的意義」，黛安娜仍然還是未來的女王。正如眾人所預期的，梅傑先生的聲明說到這對夫婦決定要分居的事已經和緩達成了，但兩人仍然要繼續執行對民眾的義務職責，並且都要全職參與扶養兩位小王子長大。

當時威廉十歲，哈利八歲，他們因學期末之故，正在學校快樂的表演戲劇、唱聖歌，這件消息並沒有使他們感到震驚，不過雖然如此，威廉對於他父母即將分居的事實仍然感到悶悶不樂，甚至覺得有點受辱和氣憤，因為這件事情居然要公諸於世。在聖誕節前的幾個星期，威廉顯得有些安靜內向，不想和其他的男孩們聚在一起，而選擇了遠離人們注目的焦點，只因為害怕別人可能會取笑他父母分居這件事。當然，老師們都試著鼓舞他，想幫助他喚回自信心，但是威廉卻低調以對——安靜而抑鬱。

當時的威廉覺得整件事的過程令他異樣又難堪，他的朋友當中沒有一個和他一樣，必須忍受父母的隱私生活一天到晚出現在報紙上的尷尬難堪。事實上，威廉和哈利在學校幾乎是沒看過報紙，當然更看不到誇大煽情的小報，因為校方禁止了所有的小報，以免兩位小王子在報紙上看到他父母的報導。雖然如此，有時候他們還是會偶然地瞥見小報頭版的新聞，看到這些不實報導一成不變的污衊著他的父母。威廉稍後承認，不管什麼時候看到小報頭版刊登他母親或父親的照片，他的心窩裡都會有一種下沉的感覺，擔心小報又寫了些不實報導。這樣苦惱又反感的情緒累積了好幾年的時間，這或許是威廉之所以憎恨報紙的原因，特別是小報。

面對祖父母的退縮

對威廉或哈利來說，父母的分居並沒有改變什麼。如同以前一樣，他們繼續到海格洛夫去看父親，然後在肯辛頓宮和母親同住兩個星期。不過，聖誕節他們必須是在聖德令干與父親以及皇室家族度過。只是威廉卻發現聖誕節已經由喜樂歡愉變得令他難以忍受了！除了一些與父親共度的時光，或與其他家人到郊外騎馬的日子之外，在皇室聖德令干和巴爾摩洛似乎讓他得了自閉恐懼症似的，因為他覺得在女王和菲利浦親王面前，總是得表現出最好的行為。他注意到他父親對女王母親也完全是恭敬以待，而自己也必須如此表現，所以覺得非常討厭。然而在外面，他卻可以輕鬆自在、開心愉快的生活，不需要注意用刀叉的方式；不必隨時等待著別人跟你說話；不必考慮穿什麼服裝才可用餐；也不必拘泥與女僕侍、隨從，以及所有貴賓的應對舉止。

事實上這對皇室祖父母無論在餐桌上、會客室或繞著宮邸散步與威廉碰面時，經常都面露微笑，態度非常親切，就是希望讓威廉覺得如同待在家中一樣舒適自在。然而威廉在與他們相處的時候，卻總不免防衛著自己。他完全不知道應該如何親近他們，因為每一個人始終都對女王和菲利浦親王非常尊敬，彬彬有禮，不論何時僕侍們遇到女王走過廊道時，都要侍立致敬，並且彎腰鞠躬。這一切都與在母親的肯辛頓宮和父親的海格洛夫或學校生活有著極大的不同。

對威廉來說，與哈利和母親在肯辛頓宮的生活，總是充滿了歡笑、樂趣。威廉喜歡早晨的時候跑進黛安娜的臥房，鑽進被窩裡摟抱她，然後一邊玩玩具一邊叫著笑成一團。他向來喜歡和母親打枕頭仗，每當他準備用枕頭打他母親的臉，或者當哈利和黛安娜聯合戰線攻擊他的時候，他就會模仿可怕的尖叫聲攻擊他們。用餐的時刻也非常好玩，不必像與女王一起用餐時那樣守著拘謹的禮節，在女王開始用餐後才可開動。與他母親、哈利在一起吃飯時，他們三人會輕輕鬆鬆的坐下來，等食物一端進來，他們就大快朵頤的吃一頓。用餐時間不用遵守嚴苛的規矩，也不必表現出完美的舉止，雖然黛安娜總是堅持他們要使用餐巾，並堅持他們在吃飯前要洗手，不過這都是在好玩有趣中進行的。即使威廉知道自己的行為調皮、無禮取鬧，黛安娜常常也只是大聲笑著告訴他要做個「好孩子」，從來不曾怒目以視或嚴厲斥責他。

威廉覺得在巴爾摩洛和聖德令干時，他都必須表現得規規矩矩，即使是看電視也必須安安靜靜、端端正正的坐在沙發上，不能和哈利一起躺在地板或沙發上看。在肯辛頓宮家裡，他大多時間都可以吃糖果或巧克力，除了正餐時間前。黛安娜也從不介意他們繞著房間彼此追逐賽跑，或玩遊戲的時候又叫又喊鬧的。有時候她會要他們緩和下來，保持安靜或是去看電視，不過，總是用一種溫和親愛的方式，同時帶著微笑鼓勵他們。的確，黛安娜有一個可愛的特質就是，她無法使自己停止不笑。威廉和哈利有時候會攻擊他們的母親，搔遍她的全身，而她會無法控制自己的大聲笑著來躲避他們頑皮的小手指。威廉喜歡和他母親在一起度過的時間，他們可以看著電視上的卡通節目、玩電玩遊戲「音速小子」，還有觀賞充滿激烈槍戰、飛車場面和粗獷英雄故事的動作片。

崇拜海格洛夫的父親

而與父親在一起的生活則有些不同。小時候，威廉總覺得他父親簡直就像個校長，因為他經常告訴威廉要如何表現，要做些什麼事。他父親不喜歡他看電視，寧願他利用時間看書，不過他同意可以看教育影片或一些兒童電影。到了七歲的時候，威廉開始喜歡有關恐龍、行星、太空旅行、野生動物，還有危險有毒的小蟲和昆蟲的錄影帶。威廉會常常跑去問他父親許多千奇百怪的問題，無論是關於地理、野生動物、恐龍、其他國家，或是星星是如何持續不變的停留在天空中等等的問題。

他也發現到父親是個好同伴，特別是在巴爾摩洛他們一起外出時，因為父親對於馬術和打獵、射擊和釣魚、逐鹿，以及對鄉間的知識非常豐富；一年一年的，他發現自己愈來愈接近父親查爾斯親王，他希望有一天也會精通這些知識，並且能善加運用。此外，他也仰慕他父親在千百人前，能從容穩健、毫不膽怯的演說態度，他孩子氣地擔心著，有一天自己是否也能有同樣的自信發表演說。

II 圍繞在威廉身邊的人

亦師亦友的時髦奶媽－蒂姬

在一九九三年復活節期間，威廉即將滿十一歲，一個新朋友進入了他生活當中，起先他只是稍微注意到她，但是才幾個月之間她就成為他最好的朋友了。蒂姬・萊格伯克（Tiggy Legge-Bourke）是威爾斯親王聘請來照顧小王子們的生活起居的。在威廉和哈利到海格洛夫與父親同住期間，協助照顧他們，並且像朋友一般生活，不用顧慮到主顧關係，可以輕鬆的相處。在一九九三年當時，蒂姬三十歲，正式聘為查理親王秘書——理查．艾萊德指揮官（Command Richard Aylard）的一位助理。事實上，她幾乎是不接近辦公室，或參與任何官方公事的，卻成為威廉和哈利一位非常現代時髦的奶媽。她的年俸為兩萬英鎊。

幾個月之內，蒂姬就成了兩位男孩子最佳的陪伴者，威廉更是黏膩著她不放，把她當作姊姊——不管是賽跑、爬樹或沿著圓木區散步時，他可以取笑、打架和較勁的人。蒂姬的本名字叫亞歷桑卓（Alexandra），是一個完美典型的上層階級女孩，在她父母領地——葛蘭斯克公園的威爾斯山區長大的。她最早就讀於南威爾斯郡布雷肯的聖大衛修會學校，那是一所獨立的羅馬天主教會學校，共有一百五十位小學生，由烏瑟琳修女會所創辦的。接著她轉升到僅收五十名學生的登佛莊園，那是一所由查理的老朋友崔恩夫人創辦的名門預校。十三歲的時候，蒂姬又轉升到博克夏艾斯科村的希斯菲爾學校去，那是一所英國一流的寄宿女校之一，她在那裡過著快樂的生活。她擅長投球（netball）以及打網球，雖然學業成績表現不是最亮眼，但在校園中她非常活躍、極受歡迎。

此外，蒂姬也與黛安娜王妃一樣，在瑞士女子社交禮儀學校——阿爾卑維德滿學院完成學業的。蒂姬成了威廉和哈利親密的同伴，因為她不但很會打網球、曲棍球、投球，以及擊劍，而且還是一個喜愛戶外活動的女孩，熱愛游泳、騎馬、打獵、追逐動物、釣魚和滑雪。

蒂姬也習慣照顧小孩，因為在倫敦研習過蒙特梭利（Montessori）幼兒教學課程後，便於一九八五年在南倫敦（South London）貝特西（Battersea）創辦了一所自己的育幼院。育幼院院名為「蒂姬溫格爾夫人」（Mrs Tiggiwingle）學校，她之所以替自己選擇這個名字，只是因為她喜歡作家畢翠克絲・波特

（Beatrix Potter）作品裡著名的刺蝟角色。蒂姬天生善於照顧小孩、辦育幼院，因此她的幼兒學校非常的受歡迎。然而，三年之後，蒂姬的學校陷入了財務的困難中，她被迫關閉學校。查理選擇蒂姬作為她兒子玩伴的另一個好理由是——她並不是一個追求時髦的人，即使整天穿著牛仔褲、套上威靈頓靴子、搭配舊T恤和套頭毛衣的她，就好像穿上昂貴服飾和高跟鞋盛裝打扮一樣的甘之如飴。

接下這個職務才幾星期，蒂姬就因為教威廉和哈利射擊兔子，而贏得了他們的景仰。他們不知道她還是個神射手呢！威廉、哈利和蒂姬一起度過了一段親密要好的時光，等到威廉長大了些，他甚至還加倍努力的嚐試與蒂姬較勁，一有機會便向她挑戰。

在海格洛夫和巴爾摩洛的時候，威廉會和他們一起規劃假期，給自己機會測試槍法來挑戰她。一九九三年他們第一次碰到蒂姬的時候，威廉十歲，哈利八歲，兩個男孩都很高興有位姊姊，他們一起在臥室或休息室裡捉弄打架，一邊彼此扭打著一邊發出尖叫的歡笑聲，威廉與哈利兩人還會經常聯合起來對抗可憐的蒂姬。不過她也不是嬌弱的女人，所以在與這兩個小傢伙相處時也很得心應手。來到這裡六個月期間，威廉和哈利兩人都喜歡上與她共處，他們總是玩得很開心，不論是踢著足球到處跑、玩法國板球、爬樹或者在游泳池打水仗、互相把對方壓浸到水裡等等，皆玩得不亦悦乎。

她也對當時被封為「流氓王子」的威廉產生了持續穩定的影響。她適切地把威廉的狂躁精力和旺盛的破壞力導向了充滿活力的户外生活。哈利也喜歡蒂姬，不同於威廉花大多的時間與她相處，哈利則是徵詢她的建議，仰賴她的解釋，有時候還會向她吐露出心事，比如父母親之間的關係。

查理親王非常高興蒂姬同意協助幫忙，因為他的兒子們和她在一起時（不管是窩躺在沙發上看錄影帶，或是從事愉快的户外活動時），似乎總是很開心快樂。不過蒂姬並沒有寵壞小孩，她決定了他們在三餐之間可以吃什麼、不能吃什麼，不像他們的母親那樣寵壞他們。而黛安娜總是對威廉和哈利說：「我知道不該寵壞你們，孩子，但是我沒辦法；你們實在是令我無法抗拒。」威廉喜歡和蒂姬在一起的時間，特別是從事户外運動。漸漸地，他把蒂姬當作姊姊一樣看待，不管有什麼困難，都會徵求蒂姬的意見，也相信她會比母親或父親更了解他孩子氣的問題，五年下來發展出一份深刻的關係。爾後當威廉真正需要一位熱情溫暖、堅強女性的安慰、支撐和愛的時刻來臨時，更證明了它的珍貴無價。

當男孩們不和他們母親住在一起的時候，不論是待在海格洛夫、巴爾摩洛、聖德令干、瑞士的克羅斯特（Klosters），以及遨遊於地中海上，或是在查理親王應邀參加的週末家庭舞會上，他們總是由蒂姬陪伴著。在那些場合上，蒂姬總會被安排睡在威廉、哈利隔壁的臥室，負責照顧他們，讓查理有機會可以輕鬆自在的與朋友共度快樂的週末。威廉、哈利、查理親王和蒂姬一起在巴爾摩洛是孩子們最快樂的時候，他們會一起外出，不是去射擊、釣魚、騎馬，就是追逐動物。

他們經常會帶著午餐出去，不管晴天或下雨都會整天待在户外，然後在用晚餐之前及時回到城堡沖澡。雖然威廉知道他母親反對射擊，而且對騎馬、釣魚或追逐動物一點也不熱衷，他還是愈來愈喜歡那樣的日子。他了解他母親不喜歡這些鄉間活動，所以在巴爾摩洛打電話和她聊天時，都會巧妙婉轉的敘述一天的生活。威廉覺得他是在保護母親，讓她免於聽到無謂的事情，也讓她知道在這個世界上兒子永遠不會傷害她。

威廉也開始了解到他父親與蒂姬之間的關係，遠較於以往他父母待在海格洛夫時彼此發脾氣爭吵，激烈高聲對罵的情景來得平和多了。在那時，他總會想辦法來緩和這些情況，希望他們彼此相處時能快樂些。在海格洛夫度週末時，蒂姬三餐時間都會和查理、威廉和哈利一起用餐，就像他們家庭的一員一樣；晚餐上，她經常會與查理共飲一瓶酒，而男孩稍長後，查理也允許他們偶爾可以喝點酒。威廉喜歡他們能一邊用餐，一邊談論著這麼多話題，而沒有爭吵、沒有高聲叫罵，也沒有刻薄言詞以對的和諧時刻。

無可取代的母愛

不過，威廉後來才了解到母親似乎和蒂姬相處得不甚融洽，但是他卻不知道原因。他注意到每當他和蒂姬玩得很開心時，母親對他的態度，似乎就不像平常那樣的熱情。威廉明白：母親不想聽他說起他和哈利與蒂姬在户外一起度過的快樂時光。在蒂姬開始擔任這個工作時，她還經常會去肯辛頓宮和黛安娜閒聊，但是幾個月之後，威廉注意到他母親已不再邀請蒂姬進屋裡，寧願她將威廉和哈利留在門口就好。這樣不和睦的關係讓威廉感到擔憂，因為他希望母親和蒂姬能真正相處得來，然而事實卻不然！他不知道為什麼他母親會忌妒蒂姬，也不曉得黛安娜會覺得他們的奶媽偷走了她兒子的愛；覺得她的兒子現在喜歡蒂姬勝於自己。但是在威廉心裡，沒有人可以和他母親相比的，沒有人可以取代她在他生命中的地位，也沒有人可以奪走他對她的愛。

嚮往母親的公眾魅力

由於黛安娜從事著博愛濟世的工作，讓威廉對自己的母親有著一分敬慕的心。當他看到她從簇擁的人群中走過，人們對她仁慈的表現，給予高度肯定時，他幾乎把母親偶像化了。他非常驚訝於他母親的出現對醫院病人、養老院老人、孤兒，或者那些足不出户的病患所造成的影響。他看到這些人們的眼睛，在母親接近他們時亮了起來，於是他下定決心，有一天他長大成人後，也可以對那些不幸的人造成同樣的影響。不過，他從不相信他能與母親影響人們的動人魅力相匹敵；他注意到他父親對人們就沒有這樣的影響力，威廉自己也不知道原因在哪裡？

不管何時他母親給他機會拜訪病人或窮人，他就會欣然接受前往，只因為純粹喜歡看他母親對人們的態度，以及人們回應她的方式。甚至當黛安娜帶威廉和哈利，去倫敦看那些生活艱困的青少年們，他們向人們乞討食物和金錢，以紙板蓋身草草躺睡在商店門口，或者正因毒品的發作而痛苦掙扎時，令威廉驚訝的是，無論那些不幸的青少年對他母親來說是多麼粗魯，她還是會對他們循循勸誘一番。這些社會邊緣人在笨拙的介紹以及不雅的措詞過後，就和母親聊起他們的困境來了，他們相信黛安娜。這位威爾斯王妃是有力量幫助他們的人，雖然她住在離他們很遙遠的世界裡……威廉希望這個慈善公益的重責大任，輪到他去執行時，那些病弱、無能和不幸的人們也會同樣信任他。

威廉景仰的紳士們

一九八〇年代中期查理親王「退隱」到海格洛夫之後，威廉和哈利曾仰賴其他一些具父親形象的男士，一群樂意幫助威廉王子成長的男士。幸運的是，威廉身旁一直擁有這些願意效勞扮演代理父親角色的男士，填補查理搬遷到海格洛夫後所留下來的情感空缺。大部分時間，威廉只能偶而在短暫的下午看到這些年長的朋友，而在威廉長大成人的這幾年期間，他周圍都環繞著一些典型的男性角色。

賈基・史都華（Jackie Steward）這位前居世界格蘭匹茲（Grand Prix）大賽車冠軍者，便是其中一位這樣的典型人物。他會帶威廉和哈利去看英國格蘭匹茲大賽車（British Grand Prix），開車護駕他們繞著跑道疾駛，引介他們與當前頂尖的賽車手認識，並且回答他們千奇百怪關於賽車、車手、跑道，以及時速兩百英里的開車技術等等的問題。在一次的拜訪期間，賈基・史都華讓威廉坐在一部格蘭匹茲比賽用賽車裡，還解釋每一件事情給他聽。威廉喜歡這種男人與男人的對話。

希臘君士坦丁國王（一位皇室多年的朋友）——威廉的一位教父，他非常高興關照威廉的生活，常常邀請他到他倫敦的家裡用餐。威廉叫他「提諾叔叔」（Uncle Tino）。另有兩位「皇室人」是威廉在最近幾年和他們非常親密來往的，那就是菲斯考・萊利子爵（Viscount Linley）——瑪格麗特公主（Princess

Margret）和上議員史諾敦（Lord Snowdon）的兒子；以及彼得・菲利浦（Peter Phillips）——安公主（Princess Anne）和馬克・菲利浦隊長（Captain Mark Phillips）的兒子。

萊利子爵是個三十六歲的時髦設計師，喜歡穿著圓領套頭毛衣、牛仔褲、騎車用長靴，和黑皮夾克，然後騎著光鮮帥氣、馬力十足的摩托車到處繞。威廉認為他的萊利叔叔酷極了，於是兩人成為出了名的要好拍檔。威廉曾到過他叔叔在切爾西（Chelsea）的工作室，坐在摩托車後座讓他叔叔載著到處跑，還一起外出到「西方終點」餐廳用餐，度過開心快樂的時光。在萊利身上，威廉替自己找到了一個年輕的男士角色，可以公開誠實的與他談話，而對方也可以了解他的問題。萊利的父母也在他青少年時期就分居仳離了。一九九一年，萊利陪伴黛安娜和兩個小王子到奧地利，歡度他們首次的滑雪假期，萊利將這種高難度的運動介紹給他們。有一天，當時九歲的威廉，因為無法趕上小哈利而流淚大哭時，就是萊利叔叔在午餐上鼓舞他使他高興起來，並且勸他再試一次。到了今天，威廉已是一位駕輕就熟的滑雪家，每年喜歡陪他父親到瑞士的克羅斯特——查理最喜歡的滑雪勝地去滑雪。

另一位威廉的哥們兒是彼得・菲利浦，他現年二十歲，他的父母經過多年的爭吵後，最後在一九九二年離婚。彼得對兩個男孩都非常保護，因為威廉和哈利都視彼得・菲利浦為英雄人物——一個可以仰望、敬慕的人。他曾經代表蘇格蘭比賽過橄欖球，現在過著獨立的生活。當威廉和哈利在巴爾摩洛度假時，彼得自願加入他們的生活幫助他們。彼得明白在巴爾摩洛的鄉居生活，對年輕、愛冒險、勇敢活潑的男孩來說，可能多少有些無趣，所以他帶他們出去追逐動物、釣魚和騎馬，他們相處的非常融洽。

還有一位和威廉很親近的人，那就是肩負起威廉最後一道安全防線的貼身侍衛，他日夜都與威廉在一起，所以對威廉的種種比查理和黛妃還更清楚。他的視線幾乎從來沒離開過威廉，他扮演的角色常常就像威廉最親密的朋友、顧問、心腹和大哥哥那樣，一個隨時在事情不順遂時，即時可投靠的人。威廉的第一個貼身侍衛凱恩·沃夫侍從警官（Sergeant Ken Wharf），由於威廉和他太親近了，以致黛安娜要求將他調往其他職務。從那時起，葛拉漢·克拉克侍從警官（Sergeant Graham Cracker）（現年四十四歲，已婚，育有二子）便接替了這個職務，現在他生活大半的時間都花在保護威廉上。

威廉在羅契洛夫和伊頓（Eton）兩所學校就讀時，克拉克侍從警官就睡在他隔壁房間。而在伊頓時，他會試著與威廉盡可能保持適當的距離，但是因為學校是如此地為大眾所知，所以任何時候威廉離開了學校的範圍，他都必須暗中保護威廉。他經常會開車接送威廉，或者如果有私家司機的話，克拉克都會坐在前座，隨時準備應付意外事件的發生。大部份的時間，威廉和侍從警官都相處得非常融洽，不過在不尋常的場合，有時候侍從警官的在場，會讓這個小繼承人受到干擾。威廉有回正和一位十八歲的女孩聊得很愉快時，突然認為克拉克可能聽到了他們的談話，所以就走過去，要他退離到二十碼遠的地方。當時威廉才十三歲。

III 皇家有子初長成

保護家人

不過，威廉從來就不是個「乖小孩」。相反地，在羅契洛夫就讀時，他很快就贏得了「愛打架的小孩」的綽號，因為他與人發生爭吵時，隨時有揮拳打小朋友的傾向。當然，老師們會盡快調解這樣的事，校長也會打電話給查理親王，詢問他是否知道關於威廉會如此具攻擊性，遠超過其他寄宿生的理由。查理無法提出合理的解釋，因為威廉在家裡從沒有顯示過任何這樣的特徵。當哈利進入羅契洛夫就讀時，威廉也非常的保護哈利，如果哈利與學校同學有了麻煩糾紛，他會跑去找威廉幫助。威廉就會立即作回應，警告其他小朋友說，若是他們膽敢取笑或欺負他弟弟，他就會介入干涉。因為威廉在學校所建立起來的名聲之故，同學就特別留意了他的警告。這樣的幫忙協助，漸漸促成了威廉和哈利之間密不可分的兄弟情誼。當一九九五年威廉轉到伊頓就讀後，哈利因為沒有哥哥陪伴，生活中就感覺到相當孤單了。

就如同威廉嚐試要保護他弟弟那樣，從十歲起，他也想要保護他母親。有一天他告訴黛安娜說，「我長大後要成為一名警察。」她問他為什麼，威廉回答說，「這樣我就可以理所當然的保護你啊。」然而，哈利立即就粉碎了威廉騎士風度的抱負，對他哥哥說：「你不能當警察，你必須當國王。」

威廉愉快的度過了他在羅契洛夫預校的歲月，他在那兒有很優秀的學業表現，對最後一年被評定為表現完美的一年，也感到驕傲無比。在學校裡，他只遭受一次嚴重的挫折，那是在一九九三年復活節期間，當時他的功課隨著他父母分居而一落千丈⋯⋯

擺脫特權

不過，威廉以他的耐心與堅毅，成功的通過了伊頓中學的入學考試。在羅契洛夫就讀時，他被保護在安全的警界線內——一個免於報紙和狗仔隊跟蹤追逐的範圍。結果，讓威廉和後來的哈利得以過著正常的生活，不會被那群只要黛安娜踏出肯辛頓宮，就跟蹤她的大批攝影記者所打擾。這樣的隱私保留，讓威廉在羅契洛夫度過了坦然正直的生活，和其他的同學一樣享受著沒有皇室偏袒的學校生活。威廉表現出了他的聰穎、好性情，因此受到他同學的歡迎。即使他有皇室的背景，威廉從不表現出傲慢或小國王的行為，也從不仗權勢欺人。對他大多數的同學來說，威廉就跟平常的小學生一樣，只是比其他男孩子稍稍受歡迎罷了。這個男孩發現他在羅契洛夫真正的問題是，有些老師似乎視他為「特別」人物，而他並不喜歡如此，因為這樣會引起其他同學的忌妒。他最希望證明的是，別人不必以不同於其他男孩的方式來對待他。

在羅契洛夫最後一年，威廉被選為聖誕唱詩班裡的讀經童。他父母後來談論到這件事時認為威廉表現了「大氣度的威儀」，沒有絲毫的羞怯之意。也是在羅契洛夫就學期間，威廉才學會踢足球，並且愛上這項運動。在足球比賽時，威廉又再一次顯露了他的攻擊力，進球數令人刮目相看，他在球場上抱球奔馳，艱苦奮鬥，還有能力在混戰當中維護到自己的安全。在假日裡，他會說服蒂姬一起踢足球，而哈利也會跟隨在後面跑。在羅契洛夫最後一年，威廉曾以無比的驕傲擔任左後衛球員，代表校隊出賽。

渴望平凡的生活

特別是在羅契洛夫時，威廉為了爭取平凡，就像沒有特權小孩那樣被對待，而奮鬥。他不喜歡他的貼身侍衛必須從早到晚注意著他，因此有時會故意想辦法脫離他們的警界視線。藉著一些同學的協助，他們會設法將威廉藏在學校的某個地方，或操場校園裡，讓侍衛找不到威廉。於是立即造成了驚慌混亂的場面，但是他似乎一點也不在乎受到指責。他渴望這幾分鐘的獨處，可以在沒有貼身侍衛緊密的注意下，做他想做的事。

威廉和同學們常常玩這種失蹤遊戲，所以侍衛只好把這件事提交給上級警長，警長便與羅契洛夫預校聯繫查詢詳情。查理聞言也去探問威廉詳情，並且請他明瞭那是貼身侍衛的職責，這樣開他們玩笑是不公平的。查理解釋說如果出了什麼差錯，警官會牽扯入嚴重的麻煩當中，那對他們來說是不公平的。威廉不情願的答應了，所以便停止了他的惡作劇。不過，威廉還是深深討厭他必須整天二十四小時被戒護著。在學校時，如果侍衛是待在他看不到的地方暗中保護他，他會覺得愉快多了，這樣的習慣漸漸養成後，就有可能讓威廉覺得自己有自處的時刻，而事實上，侍衛的視線也能夠保持不離開他們的王子小主人。威廉最生氣的是，即使是在海外度假也無時不刻地被人伴護著，晚上他還常常會發現到武裝的侍衛就睡在他的房門外！

在一次的滑雪假期中，他隨同其他小朋友在黑暗中從一道陡坡滑下來，侍衛看到他飛馳著接近滑雪道的底端，而底下的路上車子正緩緩來往行駛著。彷佛從天降下似的，一位侍衛突然出現及時照應他，這個侍衛猛撲在疾馳的雪橇上，就在威廉和雪橇要滑入道路之前只有幾碼的地方阻止了它。結果威廉和侍衛便在雪地上跌成一團。威廉氣得臉色發青，「為何我整天要被侍衛包圍著？」他大叫起來，「我覺得自己很安全，你們為什麼不讓我當一個正常人？」

威廉在羅契洛夫度過了無憂無慮的最後一年。現在他果然是一名表現完美的學生——一名足球校隊的選手，還曾在最後的夏季學期期間，獲得了十一人板球隊中的一個位置。他還非常愉快的度過他的外宿週末，那兩天一夜的假期，他可以和他在海格洛夫的父親，或者肯辛頓宮的母親一起度過。與他父親共度的週末比較靜態、肅穆，那時他會和父親一起外出散步，有時候會協助他父親，在他視為珍寶的圍牆花園裡從事園藝活動。他們會一起邊用餐，邊談論世界上無奇不有的事物，威廉經常還會在週末晚上看錄影帶。如果蒂姬在海格洛夫的話，週末會有更多狂野、充滿戰鬥的活動，那時他只有在用餐時才看得到他父親，其他白天時間威廉和蒂姬都會在外騎馬、散步、射擊，踢足球或打網球或游泳。

在肯辛頓宮和他母親單獨一起時，對威廉來說生活過得輕鬆休閒多了。黛安娜會安排他參觀博物館、藝廊、劇院或遊樂公園，也會安排威廉參加他擅長的小賽車，表現他過人的膽量和熟練的技巧。在夏季學期裡，威廉和黛安娜會在健身俱樂部練網球，也常常參加俱樂部的一些專業課程訓練。威廉和他母親有時候也一起去游泳，他非常喜歡和她在水中嬉戲玩鬧——將黛安娜浸到水裡、向她潑水以及與她游泳比賽。大多時候，游泳好手黛安娜原可以輕易的游勝她兒子，但她卻常常讓威廉贏過她，以鼓舞威廉的熱衷情緒。如果威廉想出去用餐，黛安娜會帶他去麥當勞，不過若有任何攝影記者出現的話，他會立即想要回家去。在威廉與他母親在一起時，他才會顯現出少年（即將過十三歲生日）的熱衷與興趣。他喜歡動作片電影、科幻小說和搖滾樂團——像「槍與玫瑰」和

「邦喬飛」(Guns and Roses and Bon Jovi)。他喜歡穿黑牛仔褲、黑T恤、轟炸員夾克和教練裝…這些他在羅契洛夫預校不允許穿的，或與他父母公開出現時不能穿的衣服。

當威廉離開羅契洛夫嚴密保護的生活，進到更開放、也更有挑戰性的伊頓中學就讀時，他完全了解到他即將面對的，是一種更嚴格困難的紀律生活。就如同他在羅契洛夫預校的運動和學業表現，現在他也需要表現出真正的勇氣，證明自己比其他的競爭者更有能力、更駕輕就熟。他曉得伊頓中學是一所名門學校，學業成績標準非常高。然而，稍稍回顧一下威廉的成長歲月，我們看見了一個能夠照顧自己的年輕人；他以年輕紳士的風度、男孩子的膽量和勇氣，樂於與他的同學較勁抗衡。他將繼續保持這些特質，在伊頓中學展開更燦爛的青春歲月……

第三章　青春

"Youth' s the season made for joys"

「青春是歡樂的理由」

約翰・蓋（John Gay）（1685 - 1732）

第三章　青春

I 伊頓中學的寄宿生涯〈威廉十三—十六歲〉

伊莉莎白・希斯考特夫人

一九九五年六月二十一日那天，威廉王子正式成為一個青少年，三個月後，開始了他在伊頓中學的學校生活，這所位於溫莎泰晤士河岸上的著名公學，是英王亨利六世（King Henry VI）於一四四〇年創立的。然而，在九月抵達學校之前，他早作好新學期的計畫了，因為他曾與父母在暑假期間造訪過了學校，當時陪同引導他們參觀的人有校長——紐西蘭人約翰・路易斯（New

Zealander John Lewis）、校舍舍監——四十多歲北愛蘭人，安德魯・蓋列博士（Dr. Andrew Gailey）、校舍女舍監——伊莉莎白・希斯考特（Elizabeth Heathcote）夫人，她將是威廉就讀伊頓期間生活中最重要的女性長輩。

這位「夫人」（伊頓中學對女舍監的稱呼）變成了威廉在伊頓中學的代理母親，而全部五十位住宿男孩子也都在她的照顧之下學習與成長。她負責處理男孩們可能會發生的情緒問題，尤其是因為嚴格的激烈競爭氣氛引起的自我心理調適——這是威廉在這所顯赫的學校就讀幾個禮拜後發現的。伊莉莎白・希斯考特夫人直接稱呼他威廉，伊頓的男同學和教師也一樣。所有其他男孩都是以他們的姓氏稱呼，但是校方卻決定威廉應該以他的名字來稱呼。威廉由蓋利博士、他的妻子蕭娜和伊莉莎白・希斯考特夫人接待，參觀了他的房間，這是一間包含書房及臥室的小套房，也就是他未來五年在伊頓生活的「住所」。他唯一的特權是擁有自己的浴室，而這棟爬滿長春藤的莊園式校舍裡的其他四十九位男孩子則必須共用浴室。

伊莉莎白夫人如他們的嚴父慈母，是所有男孩子尋求依賴談話的人，她在校舍內和小男孩們共進午、晚餐，而蓋利博士則和大一點的男孩在一起。伊莉莎白夫人會供應家庭用藥物和阿斯匹靈，也會簽署便條讓男孩們可以預先在附近商店購買所需用品，像牙膏、襪子和衛生用品等，然後在每學期末將帳單寄給他們的父母。然而最重要的是，伊莉莎白夫人會傾聽男孩們可能遇到的任何問題；讓他們可以在難過流淚時獲得撫慰，她是一位幫助低年級男孩，在伊頓不平凡的學校生活中安頓下來的導師顧問。伊莉莎白夫人現年五十五歲，是一位伊頓出身老校友的女兒，在學校服務將近三十年之久了，素以和藹可親、溫馨和幽默有趣的態度為學生所知。幾乎每個星期，伊莉莎白夫人都會邀請一群男孩子到她的住處看電視，討論一些對伊頓生活的看法，而且大部分的星期六，她大都會在午餐後舉行咖啡茶會。

第一個學期期間，蓋利博士有時候會順道敲敲威廉書房的門，進去和他聊天，探看他安頓得如何，是不是事事都適應了，還有他的新生活是否過得愉快。他的妻子也會邀請一些男孩子到她房間喝咖啡或茶，她會鼓勵男孩們愉快的適應互相遷就的團體生活：一起用餐，一起上課，一起討論共同生活的日常事務細節。像其他每一位男孩一樣，威廉也有一位自己的個人指導教師——斯圖亞特·克拉克先生（Mr Stuart-Clarke），他是一位年輕的英文老師，負責督導威廉的學業表現和智能發展。每週有兩小時時間，威廉會到指導教師的房間向他報告，談談自己的學校課業、運動興趣，以及與其他同學相處的關係。也就是在這些聊天期間，威廉的老師在他的「評定卡」和報告單上，紀錄下來他用功的成果和在班上表現的成就，必須每隔三星期就被提出來討論。威廉每星期有兩次會被邀請到斯圖亞特·克拉克先生家，作非正式的晚間會晤（有時會和其他男孩子一道去），他們會在那裡喝著大杯咖啡或飲料，一邊談天閒聊地度過。

伊頓中學的養成訓練

或許是因為威廉在羅契洛夫預校成功的學校生活，他在伊頓最初的幾個星期，並沒有像學校其他許多男孩子一樣，感覺到挫折、難以忍受。他似乎是已經準備好要過嚴格、獨特的伊頓學校生活了，不過，他也像其他的新入學生一樣，對伊頓的一些特別常規、慣例而多少感到有些退縮。伊頓中學與其他預校是如此的不同，因此和英國大多數公立學校的傳統禮儀有相當大程度的差別。伊頓課程裡授有世界各地的語言，包括拉丁文、古典希臘文、阿拉伯文、中國官話（國語）、中文和日文，還有現代歐洲各國語言，不過課程裡也提供了其他的應用科目，例如藝術、音樂、電腦、烹飪和汽車維護。威廉選擇了踢英式足球和划船，不過伊頓生（Etonians）也可以玩橄欖球、板球、網球、壁手球和回力網球，還有著名的伊頓足球（一種對方攻擊時圍起一道牆防禦的球賽）。這些古怪的遊戲已經有幾十年沒有比賽的記錄了！伊頓的校服完全不像其他一般英國公立學校的校服，男孩們每天都穿著黑色燕尾服、背心、細條紋長褲，還套著一個白硬領子，不過他們還可以穿著便服走進溫莎城區。伊頓中學共有一千兩百六十位男學生（伊頓中學不收女孩），他們一起住在二十四間房間，每間容納五十位男孩的校舍裡。每年學費要花一萬兩千五百英鎊，額外費用加起來一年總額達一萬五千英鎊！伊頓向來被視為一所名門學校，就讀的都是貴族、上流社會、地主、銀行家和保守黨顯貴們談吐文雅的子弟。而這些在過去二十年期間已經有很大的改變，現在伊頓人事圈關係已經遠較以往平民多了。在過去十年間，伊頓所建立起來的聲望是由於它卓越的學業成績，而不是它的勢利作風。在一九九〇年以前，父母們幾乎還必須在他們兒子一出生時就排隊等著進入伊頓。如今，這樣的情況就已經改變了。入學名額只允許給那些年紀達到十一歲，而且必須通過入學考試的男孩。甚至威廉也會承認，如果他沒通過入學考試，也是會被伊頓屏拒在校門外，幸運的是，他表現得非常好。

為什麼查理親王和黛安娜王妃會同時選擇伊頓中學的理由之一，是因為它的教育體系，還有同學間培養出來的親密友情的關係。查理曾經激動的表露出不喜歡他當年在蘇格蘭葛登史頓中學（Gondonstoum）度過的歲月，在那裡，他感覺到被欺壓、疏離和孤絕，後來他把那段生活時期描述成「像是被判刑坐牢一樣」。另一方面，伊頓中學也以鼓舞親切溫馨的家庭氣氛，以及陶冶學生品格聞名。伊頓中學擁有一種獨一無二的牧師制度式牧導體系——一種繁複的人際網和非正式的關係網，這都是為了確保沒有人會在這個網脈中被忽略而設計的。在主校舍（威廉住的宿舍）裡（就像在伊頓中學其他的校舍裡一樣），舍監總會到校舍四處和男孩子談天，舍監的妻子也會非常注意他們的任何問題；而且，當然還有伊莉莎白夫人會提供任何急需的療慰，也就是說她是男孩子會主動傾訴心事的第一個人。結果，絕大部分的男孩子都會發覺到，他們在伊頓中學慢慢培養出來的友誼，常常會維持一輩子不會淡忘。這對威廉來說極為重要，因為一旦他離開了伊頓中學，就沒有其他機會可以建立親密穩固的友誼了——因為往後他的生活將要受到規律安排，而且即使不是預先被安排好的話，也會受制於皇室禮節或傳統。從他在伊頓中學最初幾個星期起，威廉就過著非常奇妙的規律生活，和他曾經過的生活極為不同。過去他必須區分他與父母之間分別相處的時間——在兩個生活方式非常不同的家裡，以不同的表現來獲得父親與母親的感情，而這自然對小威廉造成很大的壓力。在肯辛頓宮，威廉會戴上棒球帽子，穿著襯衫和牛仔褲；在海格洛夫，他會穿得比較正式一點；而在巴爾摩洛，他還得穿起蘇格蘭裙呢！

然而，據威廉的觀察，他發現到他並不是伊頓中學唯一具有特權的學生。他的女王祖母可能是住在皇宮裡；他的父親可能是王位繼承人；他的母親可能是這時代最具神奇魅力的女人，但是伊頓中學也培育其他的男孩——他們的父母是住在富麗堂皇宮殿般的環境當中，在世界各地也置有一些毫宅，開著自己的飛機和直昇機在世界各處飛來往返，並且擁有他們自己的僕人和私人司機的顯貴子弟。有一些男孩甚至也有他們自己的私人保鏢。而且隨著時間過去，威廉還發現到他並不是伊頓中學唯一必須忍受因父母離異而感到難過的男孩子，雖然並沒有其他的男孩子跟他一樣，必須忍受這樣公開的一樁破碎婚姻，忍受新聞報紙每天不斷報導父母親的婚姻狀況以及介入的人。查理親王和黛安娜都希望，伊頓中學能賦予威廉在他們兩人在教育養成上各別所缺乏的自信氣質。並希望威廉也會擁有一個良好的人際關係，讓他隨時可以參考朋友們的建議忠告、友誼和樂趣。

貼身侍衛如臨大敵

當然，威廉在伊頓中學必須被貼身侍衛護駕著，因為整個校區很容易由公共馬路直接進入，因而讓那些二十四小時全天候保護他安全的相關人員，感到很頭痛。過去，羅契洛夫預校遠離了主要的公共大道，阻絕了多數的媒體，除非他們違法入侵，否則很難進入學校。當時，威廉和哈利在羅契洛夫預校的貼身侍衛，就可以放心讓這兩個皇室小孩有更多的空間，大多時候也保持著謹慎不打擾的距離。然而，伊頓中學的情況卻非常的不同。根據巡查校區的資深皇室侍衛隊警官說，這項職務簡直就像是「惡夢」一樣，因為整個校區是如此的開放，所以實在是不可能只由一兩位武裝的便衣警察來守衛。雖然威廉不希望在伊頓中學過著被緊密監視的生活，但是他知道這也是無可奈何的，他必須忍耐這樣的事。

然而在他父親解釋過安全防範的必要後，威廉明白了伊頓中學畢業之後，他再也不可能享有自由了——結交他想結交的朋友的自由，以及不受阻礙來去自如的自由。不管什麼時候，威廉離開學校或宿舍範圍，要到溫莎街上喝茶或購物（經常由兩三位室友伴同），後面都會有兩位武裝便衣侍衛跟著。侍衛會穿著漂亮得體的西裝，通常看起來就像是商人一樣，但是在他們肩下暗藏的槍套裡，卻佩帶著德製HK警用手槍。這兩個便衣侍衛的視線總是不離威廉，他們通常會走在他後面二十到五十碼之間的距離。如果市區擠滿了上街購物的人，或者在夏天觀光季時擠滿了成千上萬的觀光客的話，這時侍衛就會更靠近些掩護他，只容許這個王位繼承人走在前頭十碼遠的地方。對威廉來說，他不會去注意這兩個人，但是他有些朋友一開始卻覺得這樣的經驗有點怪異恐怖。不過一會兒他們就能習以為常，不太去注意武裝的護駕侍衛了。

與王子擦肩而過

大抵上，威廉和他的同學在溫莎城區閒逛時，他都會盡量保持低調。當然，一開始他看起來和午後外出的任何伊頓學生沒兩樣，不過在他逐漸成長後，他的形像比以往更容易被認出來，就有更多的市民會在街頭偶遇這位隨時帶著微笑，身高六尺、英俊金髮的年輕人，而認出他就是威廉——王位繼承人。有些居民會擦身而過，然後用溫和的聲音對他說「祝好運」，但是由於聲音太小，以致沒有引起別人特別的注意。威廉通常會回答說「謝謝」，然後繼續往前走，因為他的侍衛曾告誡他，在這樣的場合不可停下來和任何人說話。然而，到了威廉十六歲（一九九八年）生日時，觀光客就變得更加的大膽，而他也比以前更容易被認出來了。一九九六年他在伊頓中學的第一個夏季期間，威廉仍然還是個十足的小男孩，對陌生人來說，他和他們在校外到處所看到的許許多多小伊頓生沒什麼不同。結果，對小威廉長什麼樣子只有模糊印象的觀光客，就只能憑著些微的線索認出威廉的身分。

然而，到了一九九八年夏天，因為威廉在他母親葬禮上，以及度假和造訪加拿大期間被拍下的照片，顯示出他已經成長為一個身材勻稱修長的年輕人，而且與他母親是如此的相像，所以那些到溫莎希望看到他的遊客就更容易認出他來了。然而，那些認出威廉的觀光客們，都只是想看看他而已，並沒有其他的非分之舉。有些人單單只是想在他走過街上時盯著他看，有的人則會指著他，然後告訴朋友他是誰。不過，多半時候他們都不會太接近他和他說話，似乎是擔心可能會侵犯了年輕王子的隱私。他們以這樣的方式，來表示對威廉的尊敬，以及對他所深愛母親的懷念。

II 拒絕狗仔隊的威廉

狗仔隊勿近

威廉只有當人們公然在街道上拍起他的照片，才會有所反應。好像因為他是王位繼承人，他們就有權拍他的照片；也或許因為他是查理和黛安娜的兒子，但沒有任何事比起人們任意拍攝他照片更令他氣憤了。彷彿是出於本能一樣，威廉會壓低他的頭，不讓人們看到他的臉，或者走到一個同學後面把他當作盾牌，來表現他的態度。他不知道他們未經允許究竟憑什麼權利拍照，好像他只是提供他們獲得利益的人似的。他的惱怒源自於無數次看到母親回到肯辛頓宮時，總是非常激動有時還流著淚，就因為那些一直在追逐她、獵尋她的狗仔隊們荒誕滑稽的混戰扭打場面，使她受到了羞辱的緣故。

在威廉孩提的時候，他並不介意拍照——當一群精挑細選出來的攝影師被邀請來替查理、黛安娜和小威廉拍照時。有一回，當時威廉才剛剛會走路，他前面的電視攝影機相當吸引他，因此惹得他仔細的東瞧瞧、西看看，而可憐的攝影師卻一個人極力的要穩住這個小皇室人的焦點。突然間威廉正好出現在鏡頭裡，從幾英吋遠的地方對著它看著，惹得皇室族人和參與照相的其他人歡笑聲連連。在他小的時候，他似乎不介意照相師和攝影記者拍攝他與伴行的黛安娜，但是威廉瞭解攝影記者不斷對他母親窮追不捨，讓她驚嚇到並且生氣時，他才對持續六、七年來圍繞在他們身邊的攝影記者，產生深深的不信任感和厭惡。

一九九五年，威廉和哈利、他的母親到奧地利列許滑雪時，即使他們三人有武裝的侍衛護駕，還有他們個人的貼身侍衛，他還是擔任起了保護他們的角色。不過，威廉注意到那天原本已經答應不再拍攝黛安娜的照片的一群攝影記者竟又不顧協議，一路尾隨她滑下滑雪坡。滑雪好手的小威廉立即就滑到他們當中，告誡對方說如果他們再騷擾他母親，他要強制把他們的照相機拿走。攝影記者們對於威廉的反應感到有些驚訝，這樣的情況直到威廉的貼身侍衛過來勸服小王子，再從攝影記者獲得擔保的承諾，答應走開留給皇室家人安靜時刻之後，才獲得化解。

威廉的反抗

威廉從非常小的時候起，就知道與狗仔隊或小報記者交涉是徒勞無功的。他堅決相信（基於記者獲得第一手消息的理論上），如果答應讓記者拍幾張照片，以換取其餘時間不受到攪擾，記者們絕不會遵守這樣的協議的。他發現到他們反而會更加得寸進尺的尾隨他們，拍攝錄影，甚至變本加厲的入侵皇室的私人生活——只要他們認為他們可以拍到任何畫面的話。不管這樣的協議是在假日、滑雪坡道上、海邊假期或到主題公園時協定的，都無所謂了，因為威廉堅信皇室家族是絕不會信任新聞界的。結果，威廉便拒絕與攝影記者繼續玩合作協議的遊戲，如果有可能的話，他還會故意為難他們。所以，威廉許多年來都拒絕保持與新聞界所定的協議約定，譬如，拒絕為一則新聞照片的安排站在黛安娜旁邊，因為他只是不想乖乖的接受任何新聞界想安排的新聞報導。

不僅僅是黛安娜在旁邊的時候是這樣的，有一回在巴爾摩洛笛河岸邊與父親、哈利的重要場合，他也是淡淡的表示不想擺任何姿態給人拍照。在那個時候，父親要威廉與他一起合照，他以嚴厲的表情示意，極力説服威廉過來參與，但是當時的威廉很明顯的表現出一點也不快樂的樣子。當查理親王堅持要威廉過來照相，這一次威廉聽從了，不過多半時候他會拒絕，結果新聞記者拍下來送回報社的照片，多半發現到品質效果極差。表面上，笛河岸邊的新聞照似乎顯示出一個帶著自然笑容，心情愉快的修長青年威廉。事實卻是，成群攝影記者所拍攝出來無以計數的膠捲中，只有少數幾個從中挑選出來的畫面，是人們想要看到的。其餘無數多的影像，都顯現出一個無精打采盯著鞋子看，憂鬱的威廉；一個似乎希望自己身在別處，悶悶不樂、不合作的威廉；一個故意不理會他父親哄誘他露出笑容的不快樂威廉。最後只有答應他剩下來的假期可以安靜、愉快的度過，才說服了他合作。不過，他的答應還是很勉強的，只有兩次他略略抬起了頭，直接看著照相機。這看起來當然不像是威廉正和父親愉快的度著釣魚假期，因此造成皇室記者寫了許多關於「不快樂」的王位繼承人的報導文章。

威廉在那個場合的行為，讓兒童心理學家想探知為何他的反應會如此消極的原因。大部分的人認為是查理和黛安娜不快樂的婚姻過程傷害了他們的大兒子，造成這樣不幸的結果，此外沒有別的原因。他們認為黛安娜在BBC「全方位報導」節目中披露她的口述，以及查理與名記者強納森・迪伯比（Jonathan Dimleby）的會晤，對威廉來說是個不幸，因為向世界表露了他兩位父母都是不可信任的，而且有犯錯的可能。其他人則認為，黛安娜提供的口述透露她的婚外情細節，她這種向外界國人訴說其個人私密的行為，讓年少、敏感、處於青春期的威廉感到羞辱。導致後來只要他一看到報紙刊登有關父母的文字，都令他極為尷尬難堪。

一九九四年，威廉十二歲。在皇室多年好友——希臘大亨約翰・拉西斯「John Latsis」的亞歷山大號遊艇上享受地中海假期時，他父親又命令他與一群顯要人士拍度假新聞照，結果使他難過到哭了出來。原本威廉打算在拍照的空檔偷偷溜走，卻被這群俗氣的遊客發現到他不見了，於是查理強硬地將兒子叫喚回來。當時的威廉縱使心裡百般不願，卻又可無奈何地必須聽從這個命令，他難過的哭了起來。最後他服從父親走回人群時，大家都看到他還絕望的擦拭著眼淚。不過，他仍然堅決在那個假期間再也不拍照了，充分顯示出他的固執天性。

威廉王子V.S.狗仔隊

威廉對狗仔隊強烈的反應並不令人驚訝。他不僅僅目擊了自從有記憶以來，攝影記者對他母親的待遇，同時也受盡他們的攪擾。一九九六年夏天，黛安娜在法國南部租了一棟別墅，她想在那裡與威廉、哈利一起度假，當然還有伴同他們的貼身侍衛。不幸的是，別墅可以從約兩百碼遠的林子裡眺望得到，那是一個公共地區，因此這個皇室家庭可能會處在攝影記者不斷的監視下。假期結果就被破壞了。狗仔隊發現到了他們隱匿的別墅，就全部聚在林子外紮營守候。從不同的媒體派來輪替的攝影記者日以繼夜的監視著他們。黛安娜、威廉和哈利都不敢冒然待在涼台上，或到游泳池去，除非在攝影記者迅速獵取到照片，然後一陣嘩笑離開後。

黛安娜的貼身侍衛嘗試說服攝影記者不要打擾皇室一家，卻被拒絕了，說他們只是在執行職務而已。事實上，侍衛也無法可施，因為攝影記者是待在公共空間裡。然而，威廉對這種侵犯行為卻非常生氣，他無法了解為何不能叫這些攝影記者整裝回去。他請求母親採取任何必要方法，將這些攝影記者遣走。但是她從過去幾年的經驗知道，沒有什麼辦法可以驅散他們的，只能盡可能以禮待之來保護自己。然而，狗仔隊卻對這樣的禮貌請求置之不理。結果，威廉整個白天都待在屋子裡，因此他下定決心，要堅決反抗狗仔隊獵逐他們家人的行為。哈利似乎不介意攝影記者的出現，仍愉快的度假期。不過，他不喜歡哥哥拒絕脫離別墅的保護出去玩。由於威廉生氣以及對愉快假期的幻滅，黛安娜認為最好還是離開別墅，提早回倫敦去。

也就是因為這樣討厭的經驗，讓威廉持續的與新聞界及狗仔隊進行個人的對抗。當然，大部分時候（自從一九九0他父母婚姻的問題在頭版新聞刊登之後），新聞報紙都被有意的隔離起來以保護威廉。舉例來說，在羅契洛夫，當男孩子們要到校外參加足球比賽時，大巴士司機會故意避過報社繞道而行，因為他們可能會在報社外的廣告板上，張貼最近皇室緋聞的頭條新聞。在羅契洛夫預校，報紙也是以同樣的理由被嚴格的檢查，小報也被禁止了。在肯辛頓宮、海格洛夫和巴爾摩洛，報紙也都要暗中收藏起來，全為了極力保護威廉和哈利遠離他們父母離婚的不愉快報導。

一九九七年七月，威廉與母親在法國友人穆罕默德・艾爾・法耶德（Mohamed Al Fayed）邀情下，前往其在法國南部聖卓佩茲（St Tropez）的泰瑞莎度假莊園別墅（Castel Sainte Terese）共度最後的暑假期間，皇室家人終於得以愉快的度過兩星期的寧靜假期，沒有受到任何狗仔隊的干擾，也沒有攝影記者能夠接近法耶德的別墅。不過，當黛安娜、威廉和哈利大膽去到海邊或坐上法耶德豪華的遊艇喬尼卡號（Jonikal）時，滿載著記者和攝影師的船又尾隨接近皇室家人。配備著長距離鏡頭的攝影師，以及攜帶高倍數雙筒望遠鏡的記者，著實令他們感到沮喪敗興，尤其是小威廉。他非常的生氣、激動，因為他的家人竟無法在不受任何新聞記者的騷擾之下，享受幾小時的安靜。有一回黛安娜自己駕著快艇到記者和攝影師那兒，請求他們離開，讓她一家人安靜獨處。媒體卻不理會這樣的請求，結果皇室一家只好又回到別墅的庇護。因此威廉的心裡，就更加肯定地堅決抵擋記者和狗仔隊的出現。

討厭拍照的王子

僅僅幾個星期後，威廉、哈利又和父親在巴爾摩洛歡度鄉村的狩獵追逐假期了。八月的一個早晨，有一項英國新聞界安排的新聞拍照，要拍攝查理和兒子在笛河上釣魚的畫面。然而威廉並不熱衷參與，因為才幾個星期之前，他已經忍受夠了拍新聞照了，而更重要的一點是，當時新聞界在他們的聖卓佩茲度假期間，也曾拒絕與他們合作。攝影記者焦慮的等待威廉答應照相等了一個多小時，最後在他父親的央求和說明之後，他才答應，不過拍出來照片裡的威廉卻顯得沮喪、怏怏不樂。他已經十五歲了，懂得表達自己真正的感覺——就像他母親一樣的反應，當她不想為這些不可避免的顯貴名份拍照時，所表現出來數以百次的表情那樣。不過，有時候威廉也會調整好自己的情緒，為預定行程拍攝照片。就像一九九七年三月在溫莎城堡舉行他的堅信禮儀式時，當時他和黛安娜、哈利三人快樂溫馨的坐在一起，讓皇室指定的攝影記者迅速拍下珍貴的畫面。不過，這種場合、時機畢竟是非常稀少的。

即使是在威廉更小一點的時候，他似乎也並不喜歡擺姿勢照相。在一九九一年十月威爾斯皇室到加拿大作官方的皇室訪問期間，當時才九歲的威廉，在回英國時就表現出不喜歡與不列顛尼亞號皇室遊艇（Royal Britannia Yacht）上的工作人員，拍攝皇室家族的官方照片了。當時威廉不肯乖乖的擺好姿勢，卻堅決要向碼頭下面的群眾揮手。他母親要他保持安靜不要揮手，他卻一點也不理會她。所以黛安娜就在他手臂上重重拍了一下，要他聽話。然而，調皮的威廉卻繼續揮手，結果又為自己招來黛安娜在他手臂上另一次的重打，他接著就生氣了起來。幾分鐘後，皇室一家全部都站在高高的甲板上，對著聚集的群眾揮手說再見了。然而威廉卻不見了。查理只好離開甲板，去找威廉，抓著他要他即刻加入家族當中。不情願的威廉只好乖乖的走回到人群當中，僅僅露出微笑，卻不肯再揮手致意。

許多心理學家都認為，威廉因為父母的離婚，以及大眾披露他們私人生活的隱密細節的行為，對他造成了心理上的創傷。有些人則認為在黛安娜去世之前，威廉已顯露出深深受到新聞界不斷侵犯的行為所影響了，他會低著頭走路，藏起臉來躲避照相機，讓人感受到他可能確實害怕攝影鏡頭力量的深刻印象。更有些人認為威廉對陌生人懷有深深的戒心，有時候要是沒有朋友或家人在旁邊時，他會留給人一種好像「獵物」的印象。一九九七年七月，威廉被他父親逼使去看在溫莎大公園舉行的馬球比賽，當他一看到大群攝影師出現時，就立即彎下身俯在奧斯頓馬汀跑車的底座上，以確保他們不會拍攝到他。

當許多自以為瀟灑、特立獨行的青少年，想以突出的表現異於同儕來表達叛逆心理時，然而，這位所到之處深受人們喜愛的威廉王子，卻想要隱姓埋名起來。這也是威廉在伊頓中學過得比較快樂的理由。在學校，所有的男孩子

（包括威廉）都穿著同樣的制服，上同樣的課，玩同樣的遊戲，而且威廉也確實被一視同仁地對待。在伊頓中學裡，威廉覺得受到保護，他與外在紛擾的世界隔開了，也阻絕了大眾鎂光閃爍的注視，符合了他熱愛的穩定安適，以及他所渴望的隱逸生活。

第四章　愛慕

"The days of our youth are the days of our glory"

「青春歲月就是我們的榮耀之日」

拜倫爵士（Lord Byron）（1788 - 1824）

第四章　愛慕

I 黛安娜對威廉的影響

母親安排一切

威廉在整個青少年時期，受到母親非常大的影響，因為她熱切希望他和他弟弟能像一般正常小孩一樣長大，像其他青少年一樣過著多方面體驗的生活。那就是為什麼黛安娜會讓他兒子穿上牛仔褲、運動鞋、T恤、轟炸員夾克，戴棒球帽；帶他們去電影院和玩小賽車；到漢堡店用餐；帶他們去滑雪和度暑假；同時又帶他們去拜訪流浪漢及窮人的理由。因為這可以襯托出年輕王子是多麼幸運，能過這樣顯貴的特權生活。黛安娜也希望他們會跟隨她的腳步，對那些不幸的人們，以同樣的溫和態度和心神領會，表達出他們同樣的關懷和了解。

黛安娜王妃想讓她的兒子們見識另一面的生活；一種不需遵循皇室禮儀和傳統的生活。她要他們學習獨立自主，自己決定行事而不要受制於皇室家族嚴格生活的約束。黛安娜自己也總是在抨擊皇室體制，照自己的意思行事來反抗禮儀和傳統。從一九八一年七月黛安娜結婚的最初幾個月起，她對皇室的行事方式就已經表現出了自然的反感。她曾嚴厲批評過許多查理的隨從官員；並且要求讓她過想要的生活，不受傳統限制的生活。她曾決意要在有高科技醫護設備的倫敦醫院生下她的大兒子，而不照專制的傳統規矩，在白金漢宮的醫療房間裡生產。而且從一開始她就全部自作主張，要親自以母乳餵她的小孩，與皇室傳統大相逕庭；堅持要自己替她的小孩取名字，而不讓皇室家族來決定。而且她還不讓奶媽全權照顧威廉和哈利，堅持要自己執行許多屬於母職的事。黛安娜喜歡替威廉和哈利洗澡，並且餵食他們，在早晨的臥床上親密的摟抱他們；甚至替他們換尿布也令她非常快樂。在他們孩提期間，黛安娜幾乎總是與她的兒子們待在一起，和他們玩耍、餵食他們、鼓勵他們、擁抱和親吻他們，她這樣的作風是如此大大不同於多數的皇室母親。而且從一九九二年十二月她離婚那一刻起，黛安娜似乎就比以前更加的堅決，要讓她的兒子成長到足以了解，並且盡可能體驗上、下兩代許多不同社會背景的生活。

黛安娜的異性友人

黛安娜也會介紹與她親近的男性朋友給威廉和哈利認識。她似乎從來就不曾嘗試對她兒子隱藏起這些朋友；相反地，她擁有自己的交際活動，並且鼓勵

靈活敏捷的運動員威廉，帶著手傷在伊頓參加橄欖球比賽。

一九九六年三月，威廉在伊頓一場足球賽中，重重摔了一跤。

哈利和威廉在切爾西海灣健身院（Chelsea Harbour gym），看完網球賽後離開。

一九九五年八月，在抗日勝利日慶祝會上觀看行進隊伍通過。

一九九五年八月，在倫敦抗日勝利日（VJ Day）第五十週年紀念的慶祝會上。

一九九五年四月，在海格洛夫附近的泰伯里村博覽會（Tebury Villiage Fair）上碰運氣

九九五年四月，在倫敦騎士橋（Knightsbridge）街旁的花攤上買花，作為他母親的生日禮物。

一九九七年六月，威廉王子。

一九九七年六月，和伊頓同學在馬球比賽的護柵看台上。

一九九七年八月，在蘇格蘭巴拉特（Ballator）拍的新聞照片。

一九九六年在泰晤士河上

一九九五年九月，威廉在伊頓中學的第一天。

一九九八年三月，與查理親王和哈利在加拿大渡假。

一九九七年七月，在聖卓佩茲駕駛水上噴射摩托車（威廉和他母親最後度過的假期）。

一九九八年三月，威廉在皇室訪問加拿大期間，與父親在維斯勒（Whistler）滑雪。

一九九七年七月，在女王的母親九十七歲慶生會上。

一九九七年六月與查理親王在溫莎的馬球賽會場上

一九九八年三月在加拿大溫哥華，陷在歡呼擁簇的群眾當中。

一九九八年在加拿大，威廉心情愉快的接受人們的愛慕之情。

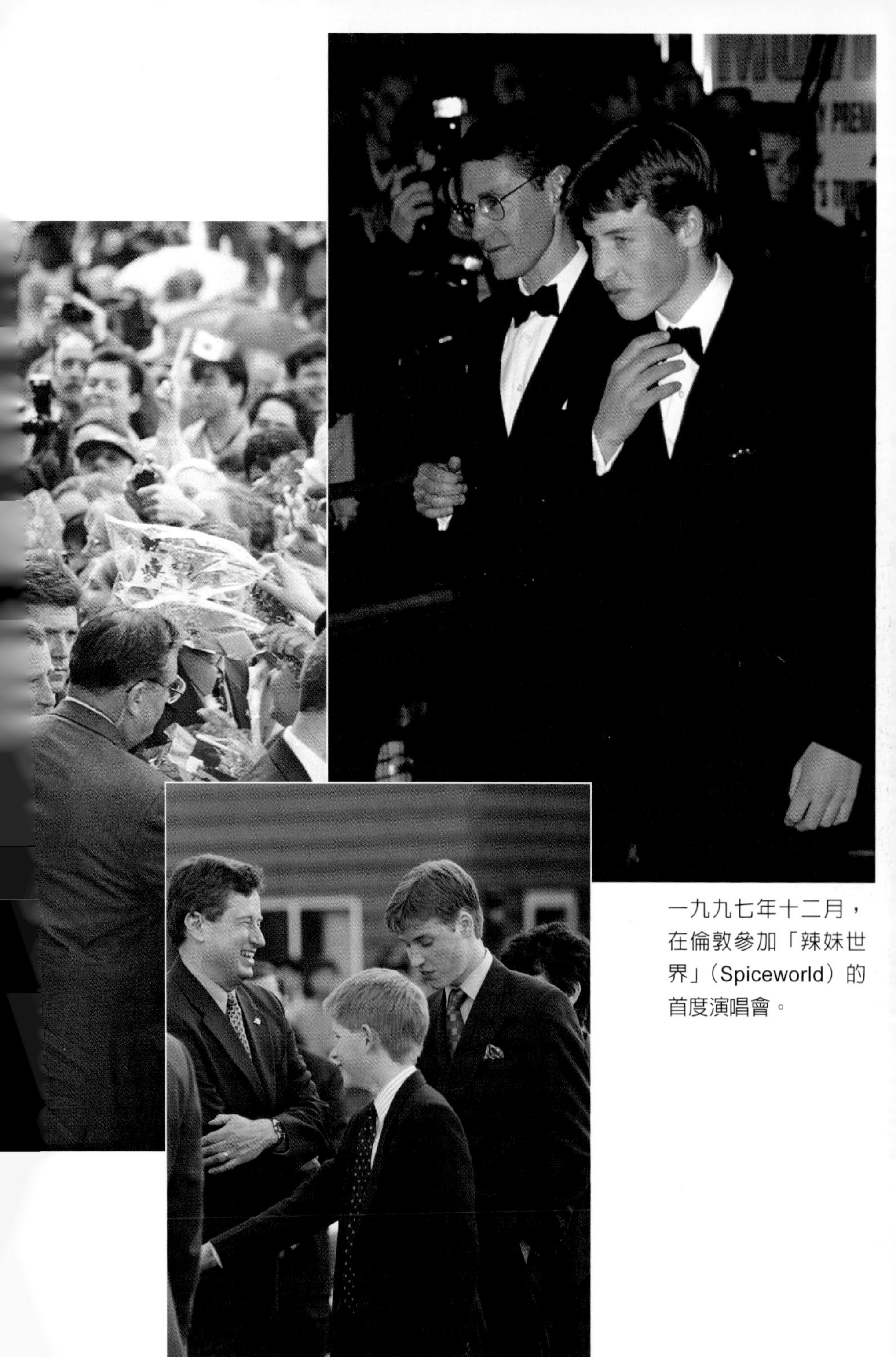

一九九七年十二月，在倫敦參加「辣妹世界」（Spiceworld）的首度演唱會。

一九九八年三月在加拿大溫哥華

一九九七年八月（威廉母親悲劇死亡前兩個星期），
他和父親、哈利在巴爾摩洛渡假。

一九九七年八月，威廉和父親在巴爾摩洛笛河岸邊。

的威廉在倫敦克拉倫斯宮（Clarence House），他的皇太后曾祖母九十七歲生日慶生會上。

黛安娜王妃的棺木抵達了西敏寺

菲利浦親王、威廉、史賓塞伯爵、哈利王子和查理走在黛安娜靈柩行列的後面，
前往舉行喪禮儀式的西敏寺。

威廉母親去世五天後，他和哈利、查理親王走出肯辛頓宮的大門外。

九八年三月在加拿大溫哥華

兒子與他們接觸，要兒子與這些她離婚前後所認識的男士來往。其中一位她所熱愛的朋友——詹姆斯・修易特（James Hewitt）隊長，和小威廉就成了好朋友。

黛安娜和修易特是在一九八五年成為好朋友的，當時威廉才四歲，一年之後她和這位英俊、有騎士風度的警官成了一對情侶。修易特是藉著在溫莎大公園教黛安娜騎馬，開始和她來往的。黛安娜十歲時從馬背上摔下來跌傷手臂後，就再也沒有勇氣騎馬了。而查理親王和女王都嘗試鼓舞她再度騎馬，並且喚起她在年輕時對運動的自信心，但是都沒有奏效。唯一成功的人就是詹姆斯・修易特。這位年輕的侍從警官教授黛安娜騎馬，把她帶到溫莎大公園去練習，慢慢的她就重新拾回了自信心和能力了。後來，修易特又開始教威廉騎馬，灌輸他更多的自信心；而小哈利這一方面就不需要這樣的幫助。這位天生、勇氣十足，甚至是個膽大鬼的騎馬師哈利，擁有自然天生的駕馭能力。威廉和哈利也會隨著他母親跟修易特學騎馬時，騎著馬到溫莎大公園去，然而，這兩個小男孩還無法體會的是，一種強烈的互相吸引在他母親和詹姆斯・修易特之間已漸漸發展起來了。

威廉和哈利也會在修易特應邀到肯辛頓宮與黛安娜喝茶用餐時遇到他。當時查理已經搬到了海格洛夫，將他的衣物和個人事物移到鄉下的宮邸。有時候修易特會在就寢前說故事哄兩個男孩子入睡，或與他們在肯辛頓宮客廳裡扭打混戰玩耍一番後，替他們蓋被就寢。當然，在那時候威廉已經知道，他母親與這位他和哈利直接稱呼修易特的人很要好了。經年累月之後，修易特就變成宮邸的常客，有時候他還會打電話和兩個男孩聊天，詢問他們在學校過得如何，是不是喜歡騎馬、游泳、上網球課和他們最近最愛看的錄影帶。稍後不久，當新聞界披露了黛安娜和詹姆斯・修易特是情侶的消息後，威廉才開始明白這個親切友善、好玩有趣的詹姆斯是他主要的一個對手。威廉開始注意到無論什麼時候詹姆斯應邀到他們家作客，母親對他所付出的關注都是那麼的多；他也觀察到母親花了很長的時間在電話上與詹姆斯聊天，卻不陪他和哈利玩；並且常會離家和詹姆斯共度週末。

在詹姆斯・修易特之後，黛安娜還有其他的男性友人。絕大部分時候，威廉對母親和其他男士密切來往的事完全都不知情。他認為他們只是好朋友而已。威廉也遇到了英國維爾・卡林（Will Carling）和奧立佛・何瑞（Oliver Hoare）——一個回教藝術古董商，他原是查理親王多年的一位朋友。雖然他有一位美麗可愛的妻子——黛安（Diane），和三個孩子，黛安娜王妃卻為這位英俊世故的何瑞神魂顛倒。他原試著想協助這樁皇室婚姻復合，但是，黛安娜看到他的次數愈多，她就愈迷戀他，終至陷入情網。奧立佛・何瑞在一九九〇年代造訪了肯辛頓宮，當時的威廉和哈利一點也不覺得奇怪，因為何瑞一家在查理還住在這裡時，就常常應邀到肯辛頓宮吃午餐或晚餐。當黛安娜覺得愈來愈需要向人哭訴她的絕望時，奧立佛・何瑞就愈常在她需要的時刻，被邀請到宮邸來幫助她、安撫她。於是，威廉和哈利便習慣了常常在他們家裡看到奧立佛・何瑞。他變成了這兩位小王子的另一位代理父親。然而，黛安娜和橄欖球隊隊長維爾・卡林的關係卻是另外一回事，因為不只是威廉很樂意看到他的這位英雄人物，與他談天，卡林也因為成為著名的常客人物而為眾人所注目。卡林邀請威廉與英國十五人橄欖球隊受訓時，他也雀躍地欣然參加。威廉相信他愛運動的母親和卡林只是好朋友而已，對於他們的親密友誼知道得並不多。

沒有人能確定威廉對於他母親這些來來去去的朋友、心腹知己反應如何，當然，絕大部分時候，威廉都待在寄宿學校裡，可以讓他母親享受她私人的友誼關係，不會讓她兩個兒子確切知道這些友誼的本質是什麼。然而威廉也知道（或許是憑直覺的），不管什麼時候這些訪客來拜訪，他母親會花許多時間與他們談天，而忽略了他和哈利。其實，他父母關係的破裂，繼而分居仳離，這樣的真實事件才是造成威廉非常痛心和憂慮的原因。這也使得他歷經了比平常小孩父母的離婚事件，更大的感情創傷，因為這是一件公開的緋聞，全國都會從每一家報紙頭版新聞知道他們所發生的每一件小事。在學校時，他覺得自己無能為力，而且累贅多餘。威廉覺得他永遠處在父親和母親之間，悲劇性親情之愛的拉鋸當中。他試著作出討好雙方的表現……

漸漸傾向父親的親情

起初，威廉自己擔任起提供支撐她力量（他認為是他母親所缺乏的）的職責；他總是想陪著她，保護她，照顧她，好讓她不會覺得自己處境悲慘。他會照他母親的意思穿著，像他的同學假日在家穿的那樣，牛仔褲、運動鞋、T恤並且戴棒球帽。他喜歡和她、哈利去主題公園、電影院、漢堡店、遊樂公園和博物館。不過當威廉長大成一個青少年後，他發現自己也相當喜歡父親的陪伴，還有聖德令干和巴爾摩洛周圍鄉間的獵逐生活，因為在那兒沒有照像機或記者會破壞他的假期。威廉覺得沒有任何事比得上穿保暖衣服、巴伯名牌獵靴在惡劣天候中、泥濘的山區裡，與父親花一天的時間一起獵狐，更令他喜歡的了。事實上，外面的天氣愈壞，威廉愈能自得其樂，這向父親證明了他是夠堅強健壯的，可以跟得上狩獵隊伍。

此外，比起他在倫敦與母親共度的生活內容，他開始偏愛打獵、射擊、騎馬和釣魚活動。而且他並不介意和他父親在一起的時候，父親希望他穿上夾克、一般的長褲和鞋子。雖然他對於與女王祖母用餐時，加諸於他的嚴格規矩要確切準時到達，要表現得中規中矩、彬彬有禮，隨時等待著別人跟你說話：等繁瑣規定還不能適應。因為這一切都與母親和弟弟用餐時的無拘無束，有著天壤之別的差距。

II 青春期的威廉

嘗試與異性的接觸

一九九五年六月，威廉度過十三歲生日之後的某個時期，他開始注意到女孩子。向來有些早熟傾向，而且就像許多小男孩一樣，威廉也對同年紀的女孩引發了好奇與興趣。不過，從威廉青少年時期起，他就漸漸對異性產生了更為濃厚的興趣和迷惑。在海邊度假期間，他常常會看到一些遠比他還大的適婚年輕女孩子，在水中潛入冒出，穿著上空泳裝躺在海灘上和游泳池邊。不過，在那個階段，他只是高興好奇的看看、問問。

但是到了一九九五年十月，他曾要求是不是可以去參加在倫敦漢默史密斯皇宮（Hammersmith Palais）（註一）舉行的名流子弟舞會（Toff's Ball）——

註一：Hammersmith Palais 原為Hammersmith Odeon漢默史密斯水精靈劇場

由一千位之多的富豪顯貴青少年子弟參與的年度盛會活動。這種為公立學校男女學生舉辦的舞會，一九六〇年代以來已經很活躍了。當然，酒是被禁止的，陪伴而來的家長也會在舞池邊四處走動，監督所有青少年的行為表現，因為當中許多人都會藉這個機會大肆瘋狂一番。當然，的確也會有許多青少年在舞會上喝酒，這些酒他們會從家裡帶來，或在超級市場和允許出售酒的商店買到。他們經常是一夥人在往舞會的路上一邊喝著酒，然後將他們最喜歡的伏特加酒空瓶往後丟回，接著隨後又拋丟空啤酒罐。醉酒的結果，便有許多人到達舞會現場時，就已經顯得有些衣冠不整了。許多的少女也會加入這樣的喝酒騷亂場面。當然，這就是一夜之間，造成青少年初次犯傷害罪的因素，因為當晚男孩女孩在沒有他們父母的陪同下，廝混在一起，在酒精的助力下行為瘋狂極了。

以往的盛會舉行過後，報上就會出現幾近裸露的青少年，有些還從事性行為，喝醉酒以及意識不清楚的狂歡者的照片。查理親王因此反對威廉參加這個舞會，但是在他母親的支持下，威廉說服了他父親讓他參加伊頓同學組成的一團。結果簡直就像個不幸的災難一樣，雖然威廉顯然行為表現得宜，還是被一列穿迷你裙、跳康加舞的少女所跟隨，並且困在這棟建築達三小時之久。「給我一個吻」、「我們跳舞吧」，以及「給我一個親吻擁抱」，就是當晚她們對威廉重覆了上百次的三個請求。有一些預校的「輕挑少女」更是具有侵略性，竟然準備和充當威廉貼身侍衛的四名伊頓同學扭打起來。整個舞會過程，威廉都微笑著想保持愉快的心情，卻全然無法放鬆下來。威廉確實和一些女孩（由他的伊頓同學介紹給他的）跳了舞，但是絕大部分時候，舞會的場面都瘋狂極了。沒有人目擊到這位王位繼承人親吻或擁抱女孩。他看著這場舞會進行到難堪的結尾，然後和他同學在凌晨兩點鐘離去。這場舞會的報導出現在接連好幾天的小報上，滿滿篇幅盡是驚世駭俗的誇張場面。結果威廉再也不參加這樣的狂野舞會了。

王子的偶像

雖然伊頓校方不允許在他十尺長七尺寬房間的牆壁上，掛大幅漂亮的照片或任何東西，不過，還是允許男孩子在他們櫥櫃的門裡貼這樣的照片。在威廉櫥櫃裡貼的照片是「海灘遊俠」（Baywatch）的女主角潘蜜拉・安德森（babe Pamela Anderson）和名模辛蒂・克勞馥（Cindy Crawford）。其他令他櫥櫃增光不少的明星還包括名模克勞蒂・雪佛（Claudia Schiffer）和辣妹合唱團艾瑪・邦汀（Emma 'Baby Spice' Bunting）。從十三歲起，威廉就經常翻遍他母親的兩本雜誌——「時尚雜誌」（Vogus）和「柯夢波丹雜誌」（Cosmopolitan）。大家都知道他喜歡花花公子的封面女郎（現實生活裡的芭比娃娃形像）——雙胞胎夏恩（Shane）和西雅・芭比（Sia Barbi）。有一回，威廉咯咯笑著，並且用手肘輕輕碰他的同學要他注意看時，他召喚他的貼身侍衛，也過來觀看這幅非常性感模樣的女郎照片。黛安娜卻用力將照片撕成兩半，遞給威廉和他同學每人各一半。威廉卻面無表情的告訴她說，「我們只要照片的上半部份。」

少年王子的淡淡情愫

不過，威廉確實已經開始表現出對異性的莫大興趣了，他會想要和她們聊天，不只是看看雜誌上的照片而已。而且不像許多十五歲的男孩子那樣，他在女孩子面前似乎從不覺得害羞。一九九六年冬季在克羅斯特的滑雪假期間，他在滑雪坡道上和一個迷人的少女聊了起來，而且似乎被迷住了。過了一會兒，他們就一起滑雪，威廉還建議他們坐滑雪纜車返回坡頂，重新再滑一次。他也邀請她一起吃午餐。不過，這個女孩在第二天就離開了，而且從不再見過面。那個時候，威廉比她還小五歲呢！在同一次的滑雪旅行中，威廉也深深留意到了另一個令人著迷的少女——十八歲的柔伊・柯蒂辛普森（Zoe Cody-Simpson）（一位將軍的女兒）。這位像極了黛安娜的柔伊也被邀請加入皇室滑雪隊，並且與他們共進午餐。有兩天的時間，柔伊和威廉一塊兒滑雪，似乎玩得很開心，威廉將她視為貴族後裔一樣談天說笑著。在學校放假期間，威廉後來遇見了她的表姐札菈・菲利浦（Zara Phillips），還有肯特（Kent）麥可王妃（Princess Michael）的女兒嘉白莉娜・溫莎小姐（Lady Gabriella Windsor），兩位都只大威廉一歲。

「時代雜誌」封面人物

幾個月之後，一九九六年七月，威廉王子一張看起來比當時十四歲的他更成熟的照片，被選為「時代雜誌」（Time）的封面人物照。「這個男孩能挽救君主體制嗎？」是當時「時代雜誌」封面的標題。雜誌寫道，「若是威爾斯夫婦已經對君主體制造成了很大的傷害了，他們可能會培養威廉作為挽救它的人——這位明亮耀眼、極有人緣的王子，他已經開始抓住了大眾的想像力了。當離婚事件為皇室表演事業演出了一幕導向終點的戲，接下來的另一幕，即將以這位清新悅人的新星重新開始。」

一九九六年十一月，在巴爾摩洛與父親共度的假期中，威廉因為射殺了他的第一隻母鹿，而震驚了動物福利保護者。但很顯然地，威廉對於能夠一槍擊倒母鹿感到很刺激。威廉、查理和其他狩獵隊人員在檢視射死的動物時，威廉

「流血」了，因為死去動物的血弄污了他的額頭，就跟他父親早在三十多年以前，在巴爾摩洛射殺了他的第一隻母鹿一樣。

已經是一位神射手的威廉，當時從差不多一百五十碼遠的地方，用一把高速獵槍將這隻母鹿擊倒。動物的死引起了動物福利團體的不滿，然而狩獵者卻稱讚他的射擊能力。不管聲明說威廉只是在從事淘汰次等動物的運動，動物福利運動者還是責怪射擊行為的非法，譴責查理親王允許他兒子參與這個射殺儀式。然而，不管抗議者怎麼說，母鹿的頭現在成了優勝獎品，醒目的擺置在巴爾摩洛一間長廳裡。在威廉射擊的英武勇氣日漸增加後，他就常常由哈利和蒂姬陪同，在巴爾摩洛和聖德令干周圍附近，走很長的路去尋獲射擊的野兔。通常他們會在一位優秀的獵場看守人陪同下，三人常常滿載十幾隻兔子而歸。

威廉在整個青少年歲月過程中，他從不曾害怕採取主動優先，有時候還會表現出成人的敏感——七歲時打電話給聖羅倫佐餐廳，為母親和自己訂了桌位，哄她開心；十歲時打電話向電影院預訂座位；在羅契洛夫預校參加足球比賽時表現出了他的領導力——鼓勵其他球員，或指導隊員。因此，當一九九七年威廉要求查理和黛安娜不要參加他在伊頓中學最重要的日子——六月四日的家長日，因為他覺得新聞界和侍衛的參與，對其他同學來說可能會破壞了那個日子。查理和黛安娜同意了。然而，當威廉力邀請蒂姬參加時，他們倆著實吃了一驚。蒂姬感到困惑不已不知道要怎麼回應，於是請示查理親王該如何做才好。查理請她準備野餐食物和一些酒前往參加。蒂姬就帶了一位威廉的好友——十六歲的威廉・凡克珊（William van Cutsem）去，他們一起坐在舖於亞格農耕地（伊頓的一處運動場）的格子布毯上，吃著小餡餅、三明治、馬鈴薯片和水果，還喝著葡萄酒。還有三位穿迷你裙的少女也加入他們的野餐，和他們閒聊了十五分鐘之久。午餐之後，威廉和他的朋友到校園四處去逛逛，他在人群中穿梭，和伊頓中學的同學以及他們的父母談天，而同學把他介紹給一大群漂亮的女孩們。穿著伊頓燕尾服外套的威廉，顯得高貴、彬彬有禮，他微笑著，與人握手並且和遇到的女孩說話。這個青少年顯然地已經變成一個吸引人的年輕人了。

第五章 蛻變

"The measure of our torment is the measure of our youth. God help us , for we knew the worst too young "

「丈量我們苦惱的尺度就是青春。上帝垂憐！因為我們知道最糟糕的景況就是太年輕。」

魯亞得・吉普林（Rudyard Kipling）

（1865 - 1936）

第五章　蛻變

I 面對悲痛的成長

當悲劇傳來

當威廉母親不幸的悲劇發生時，他和哈利、查理親王、女王以及菲利浦親王正在蘇格蘭巴爾摩洛度假。這樁在巴黎塞納河（River Seine）畔阿拉瑪橋（Pont de l' Alma）底隧道內，震驚世人的意外車禍發生時，英國正值夏天，時間是一九九七年八月三十一日星期日晚上十一點半。車禍發生的最初消息以電話通知巴爾摩洛的時候，威廉、哈利正安寧的熟睡著（那晚十點之前他們已經就寢了）。威爾斯王妃黛安娜發生車禍的不幸消息，是根據皇室禮節的規矩，透過政府管道傳來的。法國內政部執勤官員，在法國時間凌晨一點鐘後的某個時刻，用電話通知了巴黎英國大使館內政官員。接著又立即打電話給巴黎英國大使官邸的執勤官員，喚醒了熟睡中的大使麥可・潔爵士（Sir Michael Jay），告知他這件意外車禍的消息。

據了解，那時候黛安娜只是受傷，並沒有生命危險，不過法國警方證實她的兩名同伴——多迪・法耶德（Dodi Fayed）和駕駛賓士汽車司機亨利・保羅（Henry Paul），已經當場死亡了。意外車禍的消息從巴黎的英國大使館迅速發給了倫敦外交部（Foreign Office）的執勤官員，執勤官員接著又打電話給白金漢宮，向皇宮報告了當時獲知的部分車禍細節。然而，當法國醫生提出報告，表示他們對黛安娜受傷程度的極度擔憂時，官員立刻作下決定打電話到巴爾摩洛，委婉表示應該喚醒查理親王，讓他知道所發生的事情。於是，巴爾摩洛的執勤警官就打了電話給查理的侍從。

凌晨兩點鐘過後沒多久，執勤侍從敲了查理臥房的門，然後將發生的事告訴他。查理立即就打電話給白金漢宮，並且要求侍從隨時直接將事情的發展告知他。他把這個消息告訴了羅伯特・費洛斯爵士（Sir Robert Fellowes）——女王的主要私人秘書（黛安娜的姐夫，當時也在巴爾摩洛度週末），他們一起決定要保持清醒，黛安娜的情況一有更進一步的惡化就通知女王。一小時之後，消息傳來黛安娜已經去世了。當時是凌晨三點鐘。當晚，查理一直都保持警醒的坐在電話旁守著，擔心著會有進一步的壞消息傳來。他甚至沒有預期會聽到她的死訊，他震驚這樣的不幸為何會發生在黛安娜身上，因為她乘車向來都是那麼的小心謹慎，車子行駛中絕對都會繫上安全帶，在公路上也從不冒險快車。他立即打了電話給女王母親，告訴她這個震驚的悲劇，然後迅速穿好衣服走到女王的臥房，將獲得的些微的事實描述給她聽。之後，女王打了通電話給菲利浦親王告知這個悲劇消息，並且要他過來一起面議後續事宜。

他們三人所關心的是，應該要如何、在何時把這個消息告訴威廉和哈利才好。他們著實憂心只有十二歲的哈利要如何克服這個可怕的悲劇，所以就決定不讓睡在隔壁房的男孩子，在這時候知道他們母親去世的壞消息，應該讓他們照平常一樣，睡到早上七點半左右才喚醒他們。查理在早晨七點鐘之前就刮好鬍子，沖完澡穿好了衣服，這樣他就可以有妥當的預備，承擔起告訴兒子發生在他們母親身上悲劇事故的嚴酷考驗。兩位小王子醒來大概十五分鐘後，查理走進房間去看他們。他把所知的事故細節都告訴他們，並且直接說出黛安娜已經去世的消息，還有隨同的朋友多迪・法耶德也死了。沒有人知道那次談話的進一步內容，不過在這之後，查理立即又帶兒子去看女王和菲利浦親王，他們當時也正晨起更衣。查理、女王和菲利浦親王在旁陪著威廉和哈利，他們花了二十分鐘之久的時間討論這件事，並且安慰這兩位男孩。

包圍王子的愛與關懷

查理打電話給蒂姬・萊格伯克——這位威廉和哈利長久以來最信任喜歡的新潮奶媽。查理在那個不幸的星期天用完早餐不久，就打電話給蒂姬，隨後她立即搭機來到蘇格蘭，陪在威廉和哈利身邊給予他們最直接的安慰和支持。查理大大鬆了一口氣，因為他知道兩位男孩的所有親戚友人當中，蒂姬是最親近的一位了，比任何一位皇室的親戚或其他人還親近。查理也了解到和蒂姬在一起，兩位男孩會覺得全然的自在舒適，不必刻意表現得勇敢堅強來壓抑他們的感情。她有能力鼓勵他們釋放所有的情緒，因為這麼多年來他們已經知道蒂姬是真正關懷他們的。

查理鼓舞威廉和哈利陪他吃早餐，這是在巴爾摩洛一天裡非正式的一餐，這時候女王允許家人可以在任何時候進餐廳，也允許在餐廳旁邊的餐桌上自取食物。

僕侍會伺候茶和咖啡，在旁聽候特別的點餐，像培根、蛋和蘑菇，不過一般說來，人人都親自去挑選他們想吃的，然後回到座位上共同用餐。在那個不幸的星期天，女王和菲利浦親王也都很想下樓與威廉、哈利一起用早餐，讓他們感覺到沐浴在家人懷抱的溫暖氛圍裡。早餐之後，查理問兒子要不要上教堂，還強調說如果他們不想去也沒關係，因為如果他們不表現得堅強的話，人人都會看出來的。

勇敢的面對

哈利看著正注視著父親的威廉，然後問他是不是打算參加早晨禮拜。當然，那一向是皇家的傳統，不管什麼時候他們待在巴爾摩洛，每個星期天全家都會參加巴爾摩洛當地的小教堂--克里斯教堂的禮拜。查理說他想陪女王和菲利浦親王去禮拜，威廉也表示願意參加，哈利立刻也說要和父親、哥哥同去。威廉和哈利就穿上灰西裝繫著黑領帶，分別坐在他們父親的兩旁，讓汽車載著前往離宮邸只有短短距離的教堂。他們幾乎是面無表情，而聚集起來要看這一家人的教區居民、電視攝影師、攝影記者和新聞記者，他們看到威廉與小哈利兩人一滴淚也沒流時，感到十分驚訝。兩位男孩子表現得非常鎮靜，剛才三小時當中他們原來還想流淚哭泣的，然而卻克服了出現在大眾面前的壓力，沒有哭出來。

不過，在整個可怕的星期天和第二天，威廉和哈利兩人常常都會痛哭流淚。第一個星期期間，威廉和哈利有時候還會因一想到這個可怕的悲劇事實，就大哭起來。在那些時候，查理和蒂姫兩人都會安慰他們，有時候會用手臂環抱著他倆，在巴爾摩洛庭園裡散步——一句話也不需要說，只是遞給他們手帕拭去眼淚，給他們時間再一次振作起精神來。

黛安娜去世後接下來幾天在巴爾摩洛的景況，可想而知，對每個人來說的確是個創傷，特別是對威廉和哈利而言。女王和菲利浦親王都嘗試以他們自己的方式來安慰兩位男孩，但是男孩們和他們皇室祖父母之間，從來就沒有過親密的教養關係。祖母女王堅強自制的個性從較早年代就已慢慢形成了，即使是她自己的孩子，在他們長大成人後也承認，他們的母親從來就不是一個他們可以尋求溫柔依靠，有母性溫馨情懷的人，雖然他們都敬佩她對君主體制所做的奉獻和功勞。

祖父菲利浦甚至更是與兒子們遠遠的疏離，大部分時候他都把三位兒子當作是小海軍校生看待，而不是需要建議、幫助支持的小男孩那樣。查理非常不想在這個悲痛的時刻單獨留下兒子，然而他明白自己有義務，必須飛往法國，運回黛安娜的遺體，即使這意味著他必須離開在巴爾摩洛的威廉和哈利。在前往搭機之前，他和兒子談了這件事，解釋他為何要離開的理由，得到了他們的諒解。不過，他離開之前也答應當晚會趕回來陪他們。威廉告訴他父親說他能了解，也認為查理應該去巴黎才是正確合理的。威廉當下自願要陪查理去法國運回他母親的遺體，但是查理卻要他留下來，在蒂姬抵達之前照顧哈利，威廉也同意了。

查理告訴兒子，如果黛安娜的弟弟查爾斯・史賓塞（Charles Spencer）住在英國的話，那麼理當由他受命與黛安娜的姊姊同往巴黎，陪著黛安娜的遺體運回英國的。但是由於他當時住在南非，無法在這樣短的時間之內飛抵巴黎。威廉和哈利都了解這個情況，他們感覺到父親欣然接受這個任務，為的是要接近他們的母親——這位已與他離婚的前妻。現在，對威廉來說，死亡似乎遠較於母親還活著的時候，將他們倆拉得更近些，而查理這一刻的表現，就足以讓威廉更靠近父親了。

查理決定負責處理黛安娜去世的每一項事宜，這件事對威廉和父親的關係造成很大的影響。從那個決定的時刻起，查理和威廉間的父子情誼，漸漸就變得比黛安娜在世幾年間，還更密不可分了。在那些準備黛安娜葬禮以及往後的日子裡，小威廉與父親的關係有很大的改變，他覺得與父親更親近了，更加尊敬他了，也真正感覺到父親對他的愛。

黛安娜去世消息傳來後，在巴爾摩洛的第一天，特別是在查理要離開前往巴黎的時候，小哈利的情緒顯得很不穩定，在蒂姬趕來安慰、照應他們之前，威廉就擔負起身為大哥哥的任務。那個星期天裡，哈利一直都與哥哥形影不離，而威廉似乎就在這一夜之間成熟長大了。那天威廉全權決定每一件事，作出了讓哈利樂以服從的各項決定。這對哈利的個性來說是個很大的轉變，因為他一向以「最獨立的小孩」為人所知，經常表現得遠較威廉更有獨立的精神。黛安娜經常說起，凡事在下決定之前，她總是可以和威廉商討商討，但是哈利卻寧願採納自己當下所作的決定，不諮詢別人的意見，只顧照著自己高興做的事去做，不願與人有商量討論的餘地。

威廉認為他們應該在屋裡玩玩遊戲，在秋陽下散散步，或在周圍附近踢踢足球。威廉知道他必須讓哈利心神專注，阻止他想到母親死亡的悲劇。一位替皇家工作了三十年的忠心擁護者談起說，「一夜之間，威廉變成了一個青年人。甚至他的身材也長高了，他用非常溫馨的態度照料哈利，用手臂環抱著他的肩在宮邸周圍散步，哈利流淚的時候威廉就說話安慰他，鼓勵他多想想和母親共度的美好時光。」不過，哈利並沒有平靜下來，在最初的幾天裡，他只是一遍又一遍的問，「為什麼？為什麼？為什麼她會死？」

晚間，威廉會先確定哈利已經睡著了才就寢，即使當時父親和蒂姬都在巴爾摩洛照顧著哈利。不過，蒂姬抵達之後，威廉卻變得比較內向，縱使他向來喜歡和蒂姬（他一向待她如姊姊）所維持的親密關係。哈利需要蒂姬的溫暖、她衷心歡迎的雙臂、她的溫和以及她的了解。在那頭一個星期的大部分時間，哈利白天都與蒂姬在巴爾摩洛附近散步，傍晚他會蜷縮著靠坐在她身旁，因為這樣可以獲得她穩定感情的支持和寧靜的力量。威廉則大部分時間都與父親親近度過，他們像以前難得有的機會那樣一起談天說話，在巴爾摩洛附近長時間地散步共度時光。威廉也從父親那兒獲得了感情的力量，使他能夠接受他所愛的母親去世的事實。查理會讓威廉盡情傾訴一切，讓他所有的情感自然宣洩出來。他們有兩次一起去釣魚，這是威廉和查理一樣有相同理由喜歡的休閒運動——一連花幾天獨自在急流邊，遠離了世界的注目，單獨沈浸在自己的思維裡。

威廉參與治喪事宜

查理親王想要威廉和哈利參與並草擬他們母親的葬禮細節。他們的舅舅查爾斯・史賓塞與他們的姨母珍・費洛斯（Jane Fellowes）和莎拉・麥克寇戴爾（Sarah McCorquodale），也表示要參與策劃他們妹妹的葬禮事宜，因為他們覺得黛安娜不會想要有一個刻板定型、滿是皇室禮儀和歷史先例的葬禮。查理親王和威廉、哈利討論了這件事，他們都同意這樣做，而且如果可能的話，他們希望他們母親的葬禮應該反映出她的生命事蹟、她所敬佩的人們、她協助的慈善機構，而非處處擠滿她一生當中沒太多時間去理會的尊貴人士、名門家族、大使和政客。而且查爾斯・史賓塞、珍和莎拉也希望黛安娜葬禮儀式是特別、與眾不同的，他們也想要和威廉和哈利討論整個策劃的過程。

第一個星期裡，威廉和哈利似乎時時刻刻都盯著電視銀幕看，想要盡他們的可能去了解母親去世的詳情。他們一起觀看許多的新聞報導，希望能獲得一些新的消息，了解母親是如何死的？以及為什麼會死的線索。威廉很快的就相信狗仔隊要對這件意外車禍，以及因而導致她的死亡，負起全部的責任。

多年以來，威廉已經對狗仔隊及任何對黛安娜每次冒險走出肯辛頓宮，就窮追不捨的攝影記者，產生了強烈的厭惡。威廉看過黛安娜因為被攝影記者追逐而痛哭流淚情景，以及母親在回到家後，被成群追逐的攝影師所影響的景況：她臉上的妝暈染得斑斑點點的，臉頰上還留著乾了的淚痕，她的情緒幾乎要爆發出來了。從十二歲起，威廉就對狗仔隊懷有報復的憎恨之意，所以查理和黛安娜必須常常告訴他，新聞界、報紙、電視台和狗仔隊是君主政體和人民之間的聯繫，扮演著告知全國人民皇室重要事務的傳達者角色。大部分時候，威廉都能了解這點，不過他無法忘記也無法原諒，這群人在每個可預料到的機會場合上，對他母親窮追不捨、傷她尊嚴的鼠黨行為。

威廉自己認為狗仔隊要對她母親的死負起全部的責任。他相信如果攝影記者那晚不對她母親窮追不捨的話，司機亨利・保羅也就不需要以每小時一百英哩的超速行駛，穿越巴黎街道，因此也就不會發生意外造成車禍了而他母親也仍然可以活在人世。自從意外車禍發生以來，就沒有人可以說服威廉。

繼承母親的固執

這就是威廉與黛安娜相同的固執天性，不管人們想說服他說什麼、做什麼、接受什麼，威廉都會自己下決定，然後照自己的意思堅持到底。黛安娜一生也都表現了令人驚服的固執勇氣，特別是當白金漢宮的資深廷臣試著對她諫言，告訴她要如何表現或做什麼的時候。黛安娜會聆聽他們必須說的，也會常常點頭表示同意——然後她會轉頭去做她真正想做的事，不理會廷臣提供給她的任何諫言。事實也是如此，黛安娜有時候也會以同樣的態度對待查理（特別是在一九八〇年代他們的婚姻即將破碎的時候）。黛安娜會在和查理共同安排好計劃，或達成協議後，然後卻又快快樂樂的去做她希望做的事，甚至沒有告知查理她並不想履行他們原先達成的協議。而黛安娜知道她這樣做，會讓查理很不高興。

重新認識母親黛安娜

同時在那個星期期間，威廉在電視新聞雜誌和特別節目的報導上，驚奇的看到全國人民都在對母親傾訴他們對她衷心的愛。威廉對於他母親成為皇家的明星這件事知道一些；他知道不管什麼時候她在大眾當中出現時，特別是婦女們都會跑出來鼓舞她為她打氣，即使是在傾盆大雨中。威廉知道母親與英國人民已經建立起了一種特殊的關係，而且在他陪她參加的少數場合上，他也親眼看過人民對母親所表現出來的反應。對威廉來說，那似乎是一種他不太了解的神奇親密關係。他也曾看過一般民眾對父親的反應，卻從來就不像他們對母親所表達出來的，這樣自然流露的感情傾訴，幾乎是出於愛慕。現在，威廉坐在巴爾摩洛家裡的電視前，他明白了母親和英國人民是多麼的接近——一種非常深刻的關係。上千萬民眾成群結隊來到倫敦，為了表達他們對母親的敬意，即使大多數並不曾與她碰過面，也無損於他們對她的敬愛與思念。他的母親克服了那樣的障礙。當電視上的連續影片播出了她生前的種種事蹟時，威廉第一次瞭解到母親和英國人民之間發展出來的密切關係。

這批帶著花束、眼淚、弔唁湧到倫敦的人們，也就是一九八一年在他母親盛大豪華的婚禮上，感動得頻頻拭淚的同一批人；曾經看著她進步發展，因為她的微笑和仁慈、撫慰人心的天性而欣喜若狂的人們。他們分享母親的快樂悲傷，關心她的一舉一動，長期觀察到她愈來愈瘦、極為勞累憔悴的樣子，因而瞭解到她的婚姻一定有什麼不妥的地方。他們看到了這些跡象，為她擔憂著，就像她是他們的女兒或者親密的朋友一樣。他們不能為她做什麼事，只能在母親公開出現時，表達他們的支持與擁護。但是，當查理去看卡蜜拉．帕克．鮑爾的消息透露出來後，人們對母親的同情因而轉為對父親的憤怒，因為當中有許多鼓舞、同情她的婦女，也都遭受過類似不幸婚姻的悲劇，所以她們瞭解黛安娜正逐漸走向一個痛苦的境地。

母親去世後那個星期裡，威廉幾乎每天都盯著電視螢幕看，從電視中他知道了有關母親和英國人民之間特殊的關係，比他這一生對母親所知還更多：他看著電視播放的連續影片，詳實記錄了母親不平凡的成長過程，從單純的查理親王妻子、王位繼承人的年輕母親，到成為二十世紀末一位相當出色的國際偶像人物——一位被所愛的男人遺棄的女人；一位受厭食症的苦惱和孤獨寂寞所折磨，卻也顯露出不凡個性的力量，將她的生命奉獻給其他的人。

也就在這個傷心難過的一星期裡，威廉第一次瞭解到母親被整個國家所愛戴的程度了。他瞭解母親何以能贏得大部分的英國群眾，以及世界上其他許多人愛戴的原因了，那是因為她不辭辛勞的從事慈善工作，她對窮人、無家可歸的人和困苦之人，對痲瘋病患和孤兒，對癌症患者、愛滋病患和那些被地雷炸傷的殘廢者，所付出的貢獻。她藉著從事慈善工作的方式來達成這些任務，對那些前來拜訪她的人付出自己的關懷，充分流露出她的溫馨關切。她不但贏得了他們的尊敬，同時也受到他們的仰慕，更重要的是，母親獲得了他們的愛。

威廉同時也被成千上萬的兒童所感動，這些兒童與他們父母一同前來，為他母親擺上鮮花、留下悼念卡，有時還會留下他們心愛的泰迪熊和洋娃娃，似乎想要獻上自己最珍貴的東西。威廉深深受到成千上萬等候數小時，就為了要在弔唁冊上為他母親留言的人們所感動；這些人帶來了大批的花束，表達他們的愛和悼念之情。綿長排隊的人們肅穆的站立著，就只為了表達他們的愛。威廉幾乎像是被魔力迷住一樣，無法離開電視螢幕，他對於眼前浩大的景象感到吃驚！他也對這樣的情景感到驚奇不已：這種公然的哀悼、人們默然的啜泣，就為了當場表達他們的難過和傷心，這是以前不曾看過的。威廉知道，英國人堅忍自制的特質，現在在他父親和祖父及伊頓同學的身上已經看不到了，取而代之的是哀傷情緒的自然表露。

真相追查

那個星期大部分時間，威廉都獨自坐在電視前面，他想瞭解每一條詳盡報導的新聞。有時後蒂姬和哈利也會加入和他一起觀看，不過，他們沒有那麼熱切的興趣，去詳細研究每一項記者和專家調查檢驗出來的證據。他們無法勸阻威廉，讓他不相信車禍主要的肇因，就是那群窮追不捨的攝影記者。他瞭解司機不該酒後開車；他瞭解亨利．保羅不該超速開快車；他也了解他所愛的母親當時應該繫安全帶才對。威廉更發現到令人無法相信的是，那天晚上母親竟然沒繫上安全帶，因為她向來坐車總是嚴格規定要繫安全帶的，除非她檢查好兒子正確的繫好了安全帶，否則也不會允許汽車開動。一直以來黛安娜絕對會檢查他們的安全帶是否繫上，或者要侍從警官替她檢查。

威廉難以相信母親沒有繫緊安全帶就出發這個事實，或者甚至更不尋常的，那晚當她覺得他們在超速行駛時，竟然沒有即時繫緊安全帶。威廉會和蒂姬談論這些關鍵之細節，這些細節都是不需要在電視上大肆辯論的，只因為他對母親瞭解得很清楚之故；他知道她向來都是一個一絲不苟的人。

身為人子的謝意

那最初的一個星期裡，威廉會看電視看得很晚，因為他想盡情地沈浸在每一刻捕捉到國人對母親關愛的新聞報導裡。並且想去倫敦結識那些對母親表現出如親人般感情的人們。威廉想代表她私下感謝他們——每一位曾經為母親帶著鮮花、卡片、弔唁和禮物到倫敦來的人們。威廉曉得母親若天上有知的話，一定也會驚訝於在她去世的這個時刻，人們為她傾湧而出的眼淚和愛意，而他自己也想成為這股情感潮流中的一部份。他想參加皇室公園裡的通宵守夜；他想與那些普通民眾一起排隊，因為這些民眾有的還等候了八小時以上，且經過一番盤問才能在三十本弔唁冊的其中一本寫下幾個字。威廉想成為傷悼民眾當中的一分子，直接分擔他們的悲傷和難過。他瞭解來到倫敦的這許多人們，像他一樣都籠罩在這種濃烈的個人悲傷裡，這樣的悲傷通常只有在突然意外的失去親人後才可能體會到的。那些彷彿被一股力量驅使，成群結隊來到倫敦的人們，就為了表達他們對黛安娜深深瞭解的愛，他們閱讀她的生活事蹟、她的問題、她的憂傷和她的孤單寂寞，因此許多人都相信對她已經非常熟悉瞭解了。黛安娜還如此年輕、如此美麗、脆弱，這樣的事實更加深了他們的悲傷。

威廉想要到倫敦去向每一位獻花悼念的人致謝，但是這個抉擇卻被女王打消了，因為她認為對一個才十五歲的小王子，率領其餘的皇室家族以如此公開的態度，表達這樣地個人悲傷是不恰當的。然而，過了幾天，悼傷者當中逐漸出現了騷動和不滿，因為小報宣傳說皇家對黛安娜的死，沒有公開表現出足夠的哀悼之意。民眾不會對白金漢宮和首相官邸所聲明的，說皇室私下已表達了深深的悼傷，並且在威廉和哈利需要的時刻給予支持力量，感到安慰。威廉繼續對父親施加壓力，要求允許他與倫敦的哀悼者會面，和他們握手表達個人的感謝，並且分擔他們對母親去世感到的悲傷。

威廉確實曾為他的舅舅——查爾斯．史賓塞伯爵，鼓舞喝采過，因為他聽到查爾斯舅舅從南非的家飛回倫敦之前，對全世界所宣讀的聲言。「所有那些曾經與黛安娜接觸過的人們」史賓塞伯爵說，「特別是近十七年來的那些人，都將與我的家族同感到哀傷。她是獨一無二的。她瞭解人類——特別是那些受苦的人們最寶貴的需要。她真實的活潑生命力，現在已經永遠消失了。令人痛心的是，我們失去了這樣一位朋友，特別是她才三十六歲。現在並不是斥責的時候，而是傷心的時候。然而，我要說的是，我早就相信新聞界終究會毀了她！

但是我沒想到他們竟然直接對她下手了，結果應驗了我所說的。那些僱人偷拍她照片榨取利益的出版商和編輯，他們助長了人們貪得無饜的心理和無情的個人主義行為，甘冒一切之險追逐黛安娜影像，今天看來都成了沾滿污穢血腥的劊子手。」

最長的一天

那晚，威廉和哈利兩人都在巴爾摩洛等候父親回來。他們在電視上觀看現場實況轉播，看著女王專機（Queen's Flight）徐徐降落在西倫敦（West London）的諾塞英國皇家空軍基地（RAF Northolt）上，運回了他們母親的遺體。他們屏息凝神的看著母親的遺體（覆蓋著英國皇家徽旗《Royal Standard》

的棺木）從飛機上被抬了出來，然後由十位皇家空軍（RAF Regiment）的女王空軍衛隊（Queen's Colour Squadron）組成的抬棺手，從飛機護送到等候著的靈車。在那個時刻，沒有人曉得他們心裡在想什麼，因為這是首次他們看到母親確實已死的真正憑據。蒂姬也在旁隨時回答哈利的發問，絕大部分時候她都能解答，雖然她對皇室禮節和進行過程並不熟悉。靈車在警察護送下駛離後，男孩們又看著他父親登了上飛機，準備飛回蘇格蘭。三小時之後，他返抵巴爾摩洛，威廉和哈利去迎接他，就像好幾個星期沒看到他似的。當晚的威廉和哈利，比以往其他的晚上都還需要他父親的親近。十點過後不久威廉和哈利便就寢了；這天，可以說是他們年少歲月中最長的一天。

兩天後，九月二日星期二那天，史賓塞伯爵（Earl Spencer）偕同姨母珍・費洛斯夫人和莎拉・麥克寇戴爾抵達了巴爾摩洛，因為女王已經欣然決定，讓史賓塞家族密切參與策劃黛安娜的葬禮。皇家族人的葬禮需以嚴格的皇室禮儀，神聖肅穆的舉行，一直都是皇室的傳統慣例，這卻也是黛安娜窮盡一生想反抗的。所以女王就提議查理親王和史賓塞伯爵，偕同黛安娜的姊姊——珍和莎拉，還有威廉和哈利兩位，應該組成一個治喪委員會，策劃並監督葬禮事宜和教堂喪禮禮拜。女王主要私人秘書羅伯特．費洛斯爵士（威廉和哈利的姨父）也列席與會代表女王提供意見。

讓威廉和哈利參予的委員討論會，在那個星期的星期二、三召開。他們有時候會徵求其他人的諫言，而羅伯特．費洛斯爵士也會不斷的與首相東尼．布萊爾（Prime Minister Tony Blair）在唐寧街的高級官員洽商。東尼．布萊爾盡其能力提供了協助，並且要求隨時要將葬禮儀式的計劃告知他。倫敦的警察首長（Police chiefs in London）也加入協商，他們對葬禮行列應該走的路線，與參加弔唁人群的秩序及安危，將採取必要的安全措施。

威廉和哈利兩人都被邀請參加計劃，而且每在有任何決定之前，尤其是威廉，都會被徵詢意見，表達他認為他母親會不會同意這項執行計劃。大部分時候，哈利都會同時尋求威廉和父親的引導。此時，威廉漸漸加入討論計劃，提出他的想法，並且只要一提出皇室禮節不可不遵守時，他就會熱衷的批判。

威廉覺得特別快樂的是，有一項提議決定應該邀請黛安娜生前最愛的慈善團體代表，參加西敏寺（Westminister Abbey）的喪禮儀式，而不是政治家、政客、大使和外國使節。他也很喜歡這個決定：母親生前的朋友、心腹知己應該個別被邀請，在西敏寺給予其光榮驕傲的地位，因為他或許比別人更瞭解黛安娜，向來非常重視自己與非皇室朋友保持的友誼關係。威廉尤其高興的是當聽到艾爾頓．強答應獻唱為她新改編的「風中殘燭」（'Candle In The Wind'），因為他曉得母親深愛著這首簡單卻感人至深的歌曲。

黛安娜去世五天之後，威廉感到鬆了一口氣，因為女王終於決定皇家應該公開露面了，不過不是在倫敦。九月四日星期四那天，女王和菲利浦親王驅車到巴爾摩洛城堡的大門口，檢視了附近村民擺放在那兒的花束，於是她同意讓安德魯王子和愛德華王子（Prince Edward）擔任臨時的「步行走訪」，沿著倫敦的林蔭大道（Mall in London）走到肯辛頓宮大門，在弔唁冊上留言致哀。他們是最早出現在哀傷國人面前的皇室成員。女王也同意發表史無前例的電視演說，宣稱黛安娜的葬禮儀式是一個「為一位無與倫比之人舉行的空前葬禮」，那是赫赫稱揚的表明態度，讓年輕的威廉覺得非常滿足得意。自從他母親成為皇室的一員起，一直都在反抗的刻板皇室禮儀，現在可以正式的拋掉，而且他們也戰勝了「家庭生活委員會」（family committee）的想法。這是一個非常大的突破。

在後來的一次委員會議中，威廉讀了一篇新聞報導，裡面強調舊式皇室禮儀是為君主或高層將領、戰爭立功者保留的，黛安娜並不屬於當中，她的葬禮應該採取較低階級的儀式。新的皇室禮儀卻不允許那樣。不過，民眾表示他們愛她，因為她是皇室的明星，人民的王妃，所以新的皇室禮儀，需要以獨一無二的方式為她舉行葬禮。舊皇室禮儀派說迎送葬禮行列是皇宮廷臣之事；新皇室禮儀派則說人民的王妃，應該讓所有想對她的靈柩行列致敬的人們觀看。舊派人士說，君主（女王）不需要對死者公開表示讚美褒揚之意；新派人士則說，新聞界應該口誅筆伐，直到女王做到為止。舊派不預先安排熱門歌星，在這樣的葬禮上演唱；新派則邀請了艾爾頓．強。

那個令人難忘的星期裡，在英國所發生的一切是君主政體史無前例的現象。黛安娜一生反抗的皇室禮儀和傳統，大大被扭轉改變了。促成這件事的負責人之一，不是別人，就是她自己的兒子威廉，那時他才十五歲。然而，英國人並不知道，小威廉在皇室傳統習例這樣劃時代的改變上，扮演了一個重要的角色，而在那之前，這樣的傳統還被那些遵守歷史規定、刻板個性的高齡長者專斷執行著呢！而人民，也就是君主體制下，這些上超級市場購物，看足球賽，到酒吧喝酒，玩賓果遊戲或英國彩券，以及著迷看著電視連續劇的民眾們，卻早已表達出他們覺得應該改變皇室禮儀形式的心聲了。他們不知道在小威廉的心裡，也懷著對逼迫他母親多年的空洞形式同樣的鄙視。現在他正舉著旗幟，準備繼他母親承擔起這個任務。

在威廉母親葬禮前一天，威廉由哈利陪同完成了心願，因為皇室終於允許他到倫敦向哀悼者致意，並且對少數要向黛安娜作個人道別的人們說「謝謝」。那天稍早，查理、蒂姬、威廉和哈利，從亞伯丁機場搭機飛到西倫敦的諾塞皇家空軍機場，然後到男孩的舊家——肯辛頓宮，那是學校放假期間，他們經常與母親待在一起的地方。威廉和哈利在寓所四處走著，收拾他們個人的物品、他們放在那裡的衣服，還有書籍和照片。校服和其他新學期需要用到的物品，已經整理好送到海格洛夫去了。客廳裡（大部分時間黛安娜待的地方）還擺滿她裝框起來的照片，幾乎涵蓋了威廉和哈利成長過程的各個時期。這些照片（都是黛安娜最喜歡的）擺滿了整整一面牆，還有兩張桌子，這說明了她的確極為喜歡並且依戀「母親」這個天職，同時也向她最嚴厲無情的批判者，證明了她對兩位兒子表現出來的母愛。他也探看了一下母親的舊套房，不過這片刻的回憶對他來說是太匆促草率了，不宜久待，況且接下來還要與民眾作面對面的接觸。

威廉和哈利穿上西裝，打好黑領帶，由他們父親陪同著，未經宣佈就穿過大門（已經佈置成黛安娜的靈位）走出了肯辛頓宮。那些帶來花束，讀著弔唁詞，查看留在宮邸門口禮物的群眾感到很驚訝，因為他們看到查理親王、威廉和哈利態度自然隨和的走向他們，與那些前來哀悼的人說話。他們的出現吸引住了等候的群眾，以及那些等候在外無情的攝影師和新聞記者。尤其是威廉，他看起來非常的輕鬆自在；這位身材修長、形像吸引人的英俊青少年，熱切的與站在圍欄後的群眾會面、握手交談。對著每一個人，威廉和哈利只是不斷一遍又一遍重覆說著「謝謝，謝謝」。

起初，男孩們似乎被大門前大批的獻花嚇了一跳，不過，他們一開始和那些想與他們握手致敬的人們交談後，心情就放鬆了下來。當威廉和哈利邊聽邊與這些祝福者說話時，都一再的表達他們的感激。他們盡可能握住許多伸出來的手，盡可能多接受花束並向來到的每一位致謝。群眾看到失恃的兩個男孩時，難過的就了哭起來。然而黛安娜一定會感到非常驕傲，因為威廉和哈利都表現得很成熟，即使對於群眾自然發出的喝采（因為驚訝於他們非常自然的風度表現）會覺得害羞臉紅。有時候人們會大喊說「我們愛你」或「上帝祝福你」，而威廉和哈利也會揮手致意表示感激。接著他們要離開的時候到了，一輛皇室座車抵達，然後迅速將他們載往聖詹姆士宮（St. James's Palace）——查理在倫敦的住所，他們要在那裡度過葬禮前的一夜。沿著林蔭大道的觀看者看著皇室座車和坐在裡面兩位男孩；隨著車子緩緩駛離，群眾全都歡欣鼓舞的歡呼喝采。在威廉和哈利的手裡都拿著一朵白色百合花，那是傳統的死亡象徵。

II 喪禮

步送母親

第二天早上，威廉很早就起床，起床後他立即打開電視機想看倫敦街上發生的事，因為再過幾小時，他母親的靈柩行列就要從肯辛頓宮，緩緩穿過那裡送到西敏寺。威廉在畫面上看到成千上萬的民眾，冒著九月的冷冽，整夜在外露宿，就為了佔得優勢的地點，好讓他們可以清楚看到黛安娜最後的行經旅程。威廉看到男人、女人甚至小孩都露宿在外，當時正在都市四處瀰漫的寒冷晨霧中掙扎著鑽出睡袋。黎明後不久，又有數以萬計很早就從家裡出發的人們，加入了那群守夜的人們當中。沿著觀禮的路線都看不到黑西裝黑領帶，並不是因為哀悼者不尊敬黛安娜，而是因為她在許多場合上的穿著打扮都跟他們一樣；就像運動衫、棒球帽和教練裝——表達了一種對皇室禮儀的刻板、形式化的輕視。不過，威廉會為母親的葬禮穿戴上暗色的日常西服、黑領帶和白襯衫，因為那是他所希望的。畢竟這並不是母親花大半生，提倡不拘形式禮儀的一個場合。

查理親王早餐看到威廉時，問他要不要在行列中與他、史賓塞伯爵和菲利浦親王，一起走在運載黛安娜遺體的砲台馬車後面。他們會從聖詹姆士宮沿著林蔭大道，經過皇家騎兵隊總部（Horse Guards Parade）到白廳（Whitehall），然後抵達西敏寺，步行約一英哩的行程。威廉立即回答父親說，他和哈利已經商討過這個想法，他們很想參加送葬行列。早餐後，他們穿戴好西裝和領帶，繼續觀看電視上的實況報導。為了容納想要在路線上列隊觀看的上百萬人們，皇室決定改變原先要從聖詹姆士宮出發的計劃，送葬行列要從更遠一英哩的肯辛頓宮開始。那個早上，威廉和哈利凝神地看著電視上的畫面，畫面上出現了由六匹黑馬拉著的古舊砲台式馬車，隨同護送的九名御林軍（King's Troop）的皇家騎兵砲隊（Royal Horse Artillery），並且兩側立著十二位威爾斯禁衛隊親王（Prince of Wales's Company）的禁衛軍（Welsh Guardsmen）組成的抬棺手。不過威廉卻愛看群眾的反應，許多人都流著眼淚，有些人還將白色的花丟到覆蓋皇家徽旗的棺木上。人們不斷喊著「上帝祝福你」和「我們愛你」，不過，大半時候都保持著沉重的肅穆氣氛，偶爾會被人們傷心的哭聲劃破。許多人彼此擁抱安慰以減輕悲傷；其他人有的手裡握著手帕和面紙，捧著他們的臉站立著，一下子頻頻拭淚，一下子又企圖忍住他們不勝悲傷的情緒。

威廉、哈利、查理、史賓塞伯爵和菲利浦親王聚在聖詹姆士宮，等候著那一刻的來到，他們要脱離歷史建築的保護，走進秋陽裡，在靈柩行列後各就各位。電視攝影鏡頭對準了五個人——皇室三代，他們正站立靜候砲台馬車通過他們面前，然後前往西敏寺。威廉和哈利被告誡要保持頭朝下，注視著地上，因為這樣他們就不會那麼容易對週遭悲傷的氛圍和壓力感到困窘。在那一英哩長的步行過程中；威廉和哈利踏出的每一步，都被列排在街旁的大眾階層所觀看著。對兩個男孩來說，肅靜的氣氛相當奇異，除了馬兒拉著砲台前進發出的低沉達達聲之外，威廉和哈利所能聽到的，就只有那些沿路觀禮者傳來的低低啜泣聲。然而不管怎樣，他們以堅忍的意志力完成了這項嚴苛的考驗，支持到了西敏寺。

永別了，英國的玫瑰

稍後，威廉承認葬禮儀式除了兩件值得回憶的事外，幾乎沒什麼特別印象深刻的。一件是史賓塞伯爵為他姊姊所發表的勇氣非凡的悼念詞，另一件則是艾爾頓・強對「風中殘燭」歌曲的改編——他將歌詞正式修改為「永別了，英國的玫瑰…」（'Goodbye, England's rose'）。

僅有一次威廉似乎快抑制不住盈眶淚水的，就是史賓塞伯爵為黛安娜致追悼詞時，發誓要保護她兩個「愛兒」免於狗仔隊造成的痛苦和傷心絕望。「威廉和哈利，現在我們都很想照顧你們。我們對於失去這位勇敢的女性，感到傷心至極。你們所受的苦難有多大啊，我們甚至無法想像。」他舅舅的悼念詞唸到最後幾句時，威廉抬頭憂慮的注視著他，看他會不會因為對黛安娜滿懷強烈的感情而不支崩潰。威廉知道史賓塞伯爵的聲音不時的中斷，是因為他一邊想抑住淚水而哽住語詞，一邊又努力要把悼詞唸完。當鏗鏘有力的追悼詞結束，他聽到寺外街上傳來的歡呼喝采聲時，抬頭環顧了一下西敏寺，喝采聲漸漸增強到了極點，彷佛成千上萬的人們都支持史賓塞伯爵的承諾要繼續：「以您富想像力、充滿愛心的方式，帶領這兩位獨特的年輕人，讓他們的靈魂不只是受職責和傳統的洗禮，同時也如您所希望的，可以坦率的歡唱起來。」

當西敏寺的兩千位代表（當中的五百位是黛安娜最熱愛的慈善團體代表），也應聲開始歡呼喝采起來時，威廉示意的看了哈利一眼。威廉知道沒有人會在葬禮上鼓掌喝采的，特別是在這樣重要的葬禮上，但是當他知道，喝采聲甚至也來自那些將進入西敏寺隱修院的特權人士，因為他們無法對大眾鼓掌喝采的催促置之不理時，他感到很困惑。原先還沒確定是否也應該加入的威廉，最後決定也要鼓掌，就在他自己為舅舅的悼念詞熱烈鼓掌時，他臉上徐徐綻露出了微笑，而不去理會是不是破壞了皇室禮節。

歸葬鄉里

黛安娜的棺木從西敏寺抬到外面的靈車上後，皇室家族一行人走向一列候車。汽車分別載著女王、菲利浦親王和其他皇室成員，前往諾塞機場搭機飛到亞伯丁，然後回到幽隱的巴爾摩洛城堡。而查理親王、史賓塞伯爵、黛安娜的姊姊——珍和莎拉、黛安娜的母親——佛蘭西斯・山・凱夫人（Mrs Frances Shand Kydd），和威廉、哈利則搭車到火車站前往安索普（Althorp）——史賓塞家族在北安普敦夏郡（Northamptonshire）的家，那是黛安娜成長的地方。他們在一個橢圓形湖中小島（安索普家族的祖產）舉行的私人葬禮，所有電視攝影師被禁止拍攝。威廉、哈利和其他黛安娜家人站在墓園旁等候靈柩行列，靈柩延遲了一個多小時才抵達，因為沿途太多民眾夾道觀看靈車通過，警察從倫敦護送著它經過了整整八十英哩的旅途。當地教區牧師和六位護棺人員，從靈車處伴隨著棺木走到墓地，接著兩位男孩子看著棺木緩緩被放入墓穴裡。祝禱過後，在棺木上潑灑了聖水，不到十分鐘儀式就結束了。威廉和哈利看著他們母親躺下安息了，然後和父親、舅舅一起到安索普宅邸用茶點。一個小時後，兩個男孩由父親陪伴，驅車駛往格洛斯特郡的海格洛夫，並在晚餐前抵達。

他們的房間都預備好了，衣物也從倫敦送到了海格洛夫，但是兩人都還不想就寢。這個他們少年歲月中最長的一天，似乎充滿了如此多值得細細回味的感情記憶，因此他們還在回想著白天發生的每一件事；哭泣的哀悼者、母親的靈柩行列、在西敏寺的葬禮儀式，還有母親在安索普入葬安息的最後一刻。不過當晚十點半過後不久，經由父親的勸導後，他們終於決定就寢。

III 傷痛後的成長

沒有母親的日子

九月七日星期日，由於是一個陽光燦爛的清晨，查理認為兒子應該出去四處走走才好，不要待在家裡回憶過往。蒂姬已經來到了海格洛夫，她和查理決定和緩的鼓勵他們想想未來的事、即將來臨的學校生活、運動活動，以及回寄宿學校後與同學相見的事情。雖然兩位男孩那星期後都要開始過新學期生活，但是這段期間還是決定讓他們與查理、蒂姬待在海格洛夫，輕鬆的適應新生活——沒有他們摯愛母親的生活。那些日子平順的度過了，威廉、哈利兩人和蒂姬、父親都很愉快的享受户外生活。他們會一起出去散步、騎馬和游泳，蒂姬也會陪他們在花園裡踢足球。查理要求廚師給男孩們烹調他們最喜愛的餐餚，並且用任何迎合他們的方式寵愛他們，讓他們覺得自己是被珍惜、重視和關愛著。

在調適母親去世和發生的每一件事的那些日子裡，查理確實做到了不讓他兒子有獨處的機會。他參與他們的每一項活動，鼓勵他們外出做任何想做的事，並且花大部分時間陪他們。如果他不在身邊，那麼蒂姬就會替代出現，不容許讓他們有孤獨或不被愛的感覺。在那五天期間，威廉會特別的希望父親在場，彷佛覺得失落而需要可依靠的人作為他的支撐、庇護所。威廉會和父親談起車禍的事，問他一些每天仍舊在報導，新發掘出車禍週邊詳情的電視新聞和報紙，卻無法令他完全滿意的解答。威廉想知道母親的死應該歸咎於誰，最後，他仍然將大部分的錯，歸咎於小報記者和四處獵取照片的攝影記者。

長兄如父

下個週末尚未到，兩位男孩都說他們已完全準備好回學校去了，威廉回伊頓中學，哈利則回到羅契洛夫預校。然而，對威廉來說，他有一種罪惡感，一種良心的痛責，因為他就要離開哈利獨自奮鬥去了，而他記起母親總是要求他要保護哈利的。自從車禍發生以後，威廉對哈利所表現出來的行為，倒更像是父母而不只是哥哥而已，他相信母親會希望這樣，並且完全贊同的。自從威廉和哈利知道他們母親去世之後，威廉幾乎很少讓哈利離開他的視線之外。威廉把他的困惑和罪惡感告訴父親和蒂姬，他們兩人都向他保證，哈利回到學校後，一定會安然無恙的。他們也保證說如果哈利想打電話給威廉的話，校長一定也會諒解，並且允許他隨時可以這麼做。對哈利來說，這是他在羅契洛夫預校最後的一年，之後他也將在一九九八年九月進入哥哥的學校——伊頓中學就讀。

威廉和哈利兩人都很快樂的返回學校，學校充滿學習、活動、運動和紊亂馬虎的住校生活，幫助他們克服了如此重大突來的悲劇打擊。威廉尤其高興能回到學校與好朋友相聚，校方也已經告訴這些學生，在他們致唁慰問過後，就不許再談論起他母親去世這件事了。而如往常一樣，每天的報紙在到達威廉手中之前，校長都要先審視過，凡冒犯攻擊他父母的言論都要刪除。其實這樣的日常雜務是沒必要的，因為如果威廉真的想看那些報紙，大可以走到溫莎街上隨手買到。然而，不管他受到如何的引誘，他也絕對不做這樣的事，因為他母親總是告誡他，要無視於小報所寫的關於皇室的報導，她認為小報陳述的，都是些不實而且故意冒犯的胡說八道，毫無事實根據。

威廉如釋重負地回到了伊頓中學的保護與同學朋友的懷抱，他喜歡伊頓中學隱匿的學校生活，因為沒有人會特別注意他；在那兒他可以像其他伊頓男孩一樣，和同學輕鬆自在的談天、開玩笑。這完全不同於在葬禮期間，成為鎂光燈下矚目焦點的情況。威廉討厭公眾的矚目，憎恨成為注意的中心，因為這總是迫使他想到母親在攝影記者和小報記者手中所受到的待遇。

的確如此，威廉成功的熬過了母親去世，以及參與高度公開葬禮儀式的嚴厲考驗，讓每一個知道他對新聞界和私人廣告宣傳公司懷有敵意的人，都感到很驚訝。黛安娜在世時曾嘗試說服威廉，攝影師和新聞界的注意是必要的，他必須學習與他們共處。威廉知道母親會希望他在公眾場合對待攝影記者時，態度要表現得泰然成熟，而這可能是他以鎮靜、責任感接受例行傳統職責的表現，使人人驚訝的理由之一。

每逢佳節倍思親

一九九七年的聖誕節對威廉和哈利兩人，以及整個皇家來說，當然是個難度過的時節。皇家人都明白要以仔細謹慎的方式度過這個節慶，一方面確定並沒有忽視黛安娜的不在，一方面又要讓威廉和哈利過得愉快開心，絕不讓他們陷入情緒的感傷和孤寂當中，因為那只會妨礙他們克服母親去世的事實。大部分時間，查理會由蒂姬和他們十九歲的表哥——彼得・菲利浦協助，為威廉和哈利將聖德令干安排製造成一個充滿歡笑的環境。不過他們母親也沒有被遺忘。

聖誕節那天，他們全都上教堂為黛安娜——威爾斯王妃靈魂的安息祈禱。威廉對母親被公開追念感到很高興！聖誕節對威廉來說自然是一個難過的時期，他非常想念母親，不過即使他感覺到失落，也會表現出勇敢的樣子，主要是為了哈利之故。然而，整個聖誕節假期，威廉都無法不去想父母正式仳離後，最後的那幾個聖誕節。那些時節對他來說也是難度的。他曉得黛安娜獨自一人留在倫敦，而他、哈利則陪父親到聖德令干共度皇家傳統的聖誕節。威廉回想起那些在聖德令干度過的聖誕節並不好玩，事實上正是這樣。他記得那些時候，他在電話上跟母親說話，聽到她心情不快樂，知道她因非常想念他和哈利幾乎要哭出來時，他覺得好傷心難過。他想起那些時候，嘗試著要勇敢起來，表現出堅忍自制的一面，但卻常在夜晚躺在自己孤獨的床上睡覺時，偷偷地哭了起來。威廉知道沒有人能了解，那些日子對他來說是多麼可怕；大部分時候他只是想陪母親，希望她安然無恙，不會因與兒子分離而太傷心。那些日子也讓他覺得孤絕無助，因為他完全沒有辦法改變這樣的情況。他瞭解父親和皇室成員都想補救這樣的缺憾，為威廉和哈利還有其他來過節的年輕皇室人，製造快樂好玩的聖誕氣氛。但是他發覺自己笑不出來，也無法開心愉快或參與熱鬧的遊戲和聖誕慶祝活動。

所以，威廉十二萬分的想回到友善輕鬆的伊頓中學，再次回到有同學朋友的環境中，在那兒他可以放鬆心情專注在學業、運動遊戲上，過著愉快的學校生活。不過，一九九七年的聖誕節卻是所有當中最不快樂的時節。這並不是皇室在假期間沒有對他付出親切體諒的關懷；只是和他們在一起時，會時時提醒他至愛母親的去世；而每回他想到了母親，眼眶就蓄滿淚水。

留給王子寧靜的生活

黛安娜葬禮後接下來的六個月，威廉沒有在公開場合出現過，由於黛安娜去世後英國人民對小報的極力譴責，所以再也沒有威廉或哈利的照片登出，也很少有關於他們的篇章報導。報紙最後終於退讓了，留給小王子寧靜的生活好讓他們適應母親的去世。威廉內心知道小報和狗仔隊已經不打擾他們了，因為他們覺得黛安娜的死他們要付部分責任。在史賓塞伯爵的追悼詞中，他說，「無疑的，她發生意外的時候，她正在尋找生命的新方向。她提過不知多少次要逃離英國，主要原因是備受報紙屈辱的對待。我相信她永遠無法瞭解，她真正的好意為何會被媒體所譏笑，他們為何會這樣對待她，似乎是個永遠的疑問？」

威廉不知道母親曾深深考慮過移居國外，不過他的確可以瞭解她每次公開出現時，所承受那些可怕、屈辱的壓力。威廉瞭解黛安娜無法在英國各地行走，不管是到商店、健身房、電影院或出去晚餐，都會有六、七個狗仔隊攝影記者尾隨她的每一腳步，然後用照相機迅速的獵取鏡頭，有時候甚至會在離她臉幾步之內高舉著相機，執意盡可能接近他們的獵物。事實上，黛安娜並沒有考慮離開威廉和哈利不管他們。她只是想尋找一個可以安靜、舒適居住的家（國外的某個地方），一個可以躲開大眾注目和攝影師窺探鏡頭的隱蔽之所，一個她可以在威廉離家住校期間逃避起來的地方；更重要的是，尋找一個威廉和哈利在學校假期可以陪她度過快樂日子的地方。

史賓塞伯爵對英國小報的抨擊，獲得了廣大英國民眾的絕對支持，而小報的出版商和編輯也知道，如果他們再以同樣方式追逐黛安娜的兒子們，英國民眾會群起憤怒表示，報紙的商業利益也會受損——他們會招致致命的打擊。後來，新聞投訴委員會——負責執行媒體編輯自律規章的機構，在黛安娜去世後，就召開了緊急會議商量應該制定什麼樣的新規章來應變。新聞記者和攝影記者，在黛安娜剛過世的幾天裡，都被民眾粗暴地叫作「人渣、敗類」，而威廉也完全了解這個情緒化的反應。

葬禮之後三個星期，新聞投訴委員會主席威克漢公爵（Lord Wakeham）發佈了一項聲明，提出了要媒體更嚴格遵守的新規章。規章中嚴格禁止騷擾個人，特別是顯要人物和皇室成員；他提出業界應該禁止刊登經由「窮追不捨或違法行為」獲得的照片。他也嘗試約束報社僱用搶拍「獨家」照片的狗仔隊自由攝影記者，要求僱用狗仔隊的報社在訂契約時簽署自律規章。而且他也極力想保護威廉和哈利，還有其他名門家族的小孩。威克漢公爵說報紙沒有理由侵犯小孩的隱私，因為報紙應該明白，那些父母身置在公眾眼光當中的小孩，他們的地位特別脆弱。

報紙、電視攝影師甚至大多數的狗仔隊自由攝影記者，在黛安娜去世之後就遠離了威廉和哈利，不敢冒犯讀者和觀眾的怒氣，極力要贏回國人的尊敬。報紙出版商和電視公司主管，也都下令給他們的編輯，要他們不去打擾小王子。

然而，威廉和他的同學走出伊頓校園，到溫莎城區購物或喝茶時，的確有過一兩個狗仔隊攝影記者曾尾隨他們。有些攝影記者用長鏡頭，攝取威廉在泰晤士河划船的照片，但是雖然這些照片提供給了小報的編輯，卻沒有人願意購買或刊登。

IV 王子的魅力

成為偶像

不過小威廉也迅速的長大成人了。威廉首度成為偶像人物（甚至可以說是少女當中備受喜愛的對象）的跡象，是一九九七年十一月參加慶祝他皇室祖父母結婚五十週年紀念，在皇家海軍學院舉行的午宴所顯示出來的。當時有六百位少女高聲尖叫著他的到達，使得參與午宴的其他人大感驚訝。沒有人看過小威廉的出現有這樣的激烈反應，警察也大吃一驚，因為沒有想到會有這樣的尖叫歡迎儀式。事實上，威廉成為「海報男孩」最早的跡象，是出現在一九九五年十月偶像熱門音樂雜誌Smash Hits印行的一張威廉男孩海報上，照片中的威廉穿著粗野鮮明的運動上衣和灰色長褲，還繫著領帶。結果海報全銷售一空。

五個月後，威廉收到了五十四張情人卡，一年之後，他共收到超過五百張的情人卡。到了一九九八年，他已經收到一千張了！

不過，威廉一九九八年三月在加拿大拍的照片，還是讓英國人大感驚訝。這個全世界都認識，年輕、有點害羞又謙遜的男孩已經長大成熟，成為一個充滿自信、修長帥氣，時時流露出迷人微笑的年輕人了。每一位看到電視畫面和平面報章雜誌的人，立即就將他與他母親相比較。在黛安娜的第一張公開照片中，她也顯得害羞、謙遜甚至膽怯。看到英俊王子威廉的人們所感覺到的是：他和黛安娜非常相似。威廉也擁有與黛安娜同樣令人難忘的相似之處——一樣迷人的微笑和金髮。事實上，威廉長得很像他年輕時候的外祖父——已故史賓塞伯爵，當時他還是個勇敢活躍的年輕軍官，服役於皇家蘇格蘭軍隊（Royal Scots Greys）。後來他先後成為英王喬治六世（King George VI）和當今伊莉莎白女王的侍從武官。一九四〇年代晚期和一九五〇年代期間，這位身材修長，活躍的強尼・史賓塞（Johnny Spencer）已是眾所公認倫敦最英俊的年輕人之一了，經常受邀參加優雅高尚的社交活動。

一九九八他和父親、小哈利訪問加拿大期間，威廉公開出現，受到了少女崇拜尖叫聲的迎接。他完全被溫哥華少女熱情的接待嚇了一跳，因為不管他在哪裡公開出現，她們都高聲對他喊說：「我愛你。」起初，他不知道對這樣興奮的熱情要如何反應。假期的第一晚他抵達溫哥華海灣中心飯店時，面對這兩百位高聲尖叫引他注意的少女群眾，他看起來很緊張。於是低著頭匆匆走進飯店裡，使得他的崇拜迷大失所望。不過，威廉父親看到他這樣的應對方式，知道他必須勸服威廉學會應付這樣的狀況，因為這只是將來許多次中的初次而已，再過幾年或許還會有成千上百次這樣的場景。查理親王瞭解，威廉和哈利必須面對一項遠較他年少時必須忍受的更嚴厲的考驗。不過，威廉已經觸動了那些溫哥華女孩內心的感情，她們認定他是無與倫比的。他不只是英國王位繼承人的皇家王子，同時也是一個英俊帥氣的年輕人，還是全世界偶像黛安娜王妃的兒子呢！

當晚在溫哥華，查理對威廉解釋說，這是他在母親去世時表現出的成熟風度以來，第一次要面臨的大考驗。查理說明身為皇室王子——溫莎王室的一員而且是王位繼承人，意味著公開出現是他必須面對也要習慣的一項職責。查理瞭解威廉憎恨新聞界（特別是狗仔隊和小報的攝影記者），但是他又說明，他和哈利必須學習與攝影記者共處，因為他們會永遠是他生活裡的一部份。第二天早晨，查理、威廉和哈利到溫哥華太平洋太空中心（Pacific Space Centre）做私人的參觀訪問，但是年輕女孩不知從何處知道這件事，因此聚集了約兩百位少女等著要看她們的「迷人王子」。由於是私人參觀之行，女孩們原只是想匆匆一瞥她們的新偶像就好，然而在整棟建築物裡，卻都迴響著她們歇斯底里的尖叫聲。

威廉在參觀溫哥華南伯納比高中（Burnaby South Secondary School）

時，又受到了更激烈的崇拜狂熱以及更響亮的尖叫聲歡迎。那些如痴如狂的尖叫聲，一點都不像威廉以往所遇到的那樣，當時的三百位少女淚流滿頰，似乎很想與威廉握手或者只是觸摸他一下就好。「威廉，威廉，威廉……」她們對年輕王子尖聲叫著，當他帶著開朗的笑容走向她們時，就好像他以前有過許多次這樣的愉快經驗那樣。威廉學得很快，才幾天的功夫，威廉已經學會了應付這樣崇拜狂熱的尖叫聲了，表現得就好像這樣的接待是日常之事一樣。這一次他確定立場，展露了專業般的笑容，似乎就像當天的主角一般，他愉快的與那些仰慕者握手，接受她們可愛的玩具禮物，閃避女孩丟向他的水仙花，像好萊塢影星那樣與他們握手。然而才幾小時的光景，威廉就學會了應付這樣尖銳響亮的喝采歡呼。有一群少女在被問及，為何她們覺得威廉是如此討人喜歡，如此吸引人又合人心意時，有一個女孩說，「因為他富有，他耀眼奪目，而且他是個王子。他還缺什麼呢？」

王子的明星風采

在官方訪問行程的最後一站抵達溫哥華海灣文化古蹟中心期間，關鍵性的事件發生了。原本主要的特別節目預定是由查理親王發表演講，但這似乎不是現場的五百位少女所要的。她們一邊又哭又叫一邊喘著氣，要送給威廉王子鮮花、泰迪熊、沾滿淚水的手帕和永遠的愛。威廉帶著微笑四周走著，與她們握手並且對每一個人說：「謝謝」，就像他母親在世的時候，做過上千次同樣的方式那樣。在這場合上，威廉所表現出來的態度就像他母親一樣，看起來有些臉紅、不自在又害羞，跟任何青少年面對這樣激動幼稚的情緒時，所表現出來的一樣。接著，意想不到又戲劇性地，威廉接受了一件棒球夾克和「窮小子」帽子後，脫下了自己的夾克，穿上新夾克，戴上向後轉的鴨舌帽，然後迅速旋轉揮動腕臂肩膀，做了一個輕輕投球的姿勢，威廉立刻贏得了全場的喝采。他開玩笑的嘗試，完全是出乎自然的；皇室家人沒有人知道威廉會想到做這樣的動作。的確如此，由於他天生對攝影機的討厭，攝影記者和電視工作人員因此也感到吃驚。然而，觀眾卻欣喜若狂，發出崇拜愛慕的歡呼聲於是愈來愈響，幾乎震耳欲聾。

在表演那個動作當中，威廉似乎第一次愉快地成為眾所矚目的焦點。他彷佛沉浸在無感於被拍照的幸福狀態中，即使當時照相師和攝影記者為了爭奪拍攝世界最新超級明星的照片，正瘋狂地拍攝他。此時，「威廉狂熱」已經來到了。哈利王子在這樣的拍照風潮中也沒被遺忘。雖然哈利才十三歲，也有許多女孩想和他握手，觸摸他，但和她們對哥哥所表現的瘋狂情緒不同。哈利也很喜歡那樣的場面，便催促哥哥從一群仰慕者走到另一群去，他想看看她們的歇斯底里反應。哈利笑著看那些女孩對哥哥所表現出來的熱情，還鼓舞他繼續擔任溫莎王室最新明星的角色。查理親王這方面來說，他也同樣以讚賞的眼光來看待這件事，完全明白在這裡（溫哥華），英國皇室的確有一位新超級明星掌控了這樣的崇拜狂熱。不過，查理（在他年輕時也是媒體注目的中心）必須勸告威廉表現得理性一點，不管到哪裡都會教導他兒子，要專注在他的學習、他的考驗和他未來的角色扮演上。然而，這個不可思議的景象，的確為皇室加拿大的造訪增添了不少快活氣氛，而原先皇家三人真正之意只是要度私人滑雪假期而已，並非為了威廉的這場熱情洗禮。在旅行絕大部分期間，照相師和攝影記者都沒有去干擾皇室一家，因為雙方協議好讓皇家寧靜度假前，答應過他們可以高高興興的拍攝滑雪坡道上的新聞照了。然而另有一個場合，查理、威廉和哈利走進一家山區咖啡餐廳用餐時，在場三百位正愉快用餐的滑雪遊客，竟全體都站起來為皇室一家鼓掌喝采。那樣的起立鼓掌歡呼完全出於自然而發，顯示出加拿大人對英國皇室所懷的溫馨感情，這個短短的時刻鼓舞了查理。

三個男人的親密關係

這個假期對查理和他兒子來說是一個鼓舞，他們遠離了英國，愉快的度過一星期的滑雪假期，陽光和雪讓他們三人之間的父子之情更加親密穩固了。這是自黛安娜去世後，威廉和哈利第一次和父親獨處的假期；也是一個團聚的假期，三人彼此都非常輕鬆自在的對待，彷彿發現了新的緊密關係似的。威廉和哈利再也不需要為了應付父母互相爭取他倆的感情而左右為難了；再也不需要被強迫決定週末假期是要與父親還是母親共度了；再也不會覺得被迫去偏袒哪一方，為哪一方反對對方了；而且在他們游移來往父母家之間的時候，再也不會感覺充滿支離破碎的感情了。

特別的是，威廉現在已經發現了一個新的模仿角色——他父親，因為他比任何人更瞭解身為王位繼承者的緊張和壓力；他知道兒子會碰到英雄崇拜的問題；而且也曉得英國新聞界齷齪的作風——他們塑造起國家的英雄，就只是為了之後再猛挖瘡疤地將他們擊垮罷了。查理會盡他最大的努力來保護兒子，不過，現在他知道他有責任必須勸導這個超級明星。他也知道威廉會發現十四、五歲少女的情愛嚮往，遠比二十歲左右的女孩更容易遏止，因為後者很快就會發現英俊帥氣的威廉不可抗拒，他將是她們更傾心專注追求和情愛野心的對象。

即將告別伊頓中學

威廉會在伊頓中學獲得A-levels的成績畢業，而且如果成功的話，他期望進入牛津或劍橋大學就讀。查理親王是劍橋畢業的，但是黛安娜的弟弟查爾斯則是牛津莫德林學院（Magdalen College）的畢業生。眾人期待的最後決定，會在聽取負責教導威廉的伊頓師長們的意見後才會揭曉。大學之後，威廉可能會花一段時間受軍事訓練——陸軍、皇家海軍或皇家空軍。然而，他也可能會和父親一樣，在皇家空軍軍隊學開飛機，然後再轉移到皇家海軍。這一切只等待時間來解答。

每一位少女想獲得解答的問題是：年輕的威廉究竟是什麼樣的人呢？真正的他是如何的呢？許多人遇到他時都覺得很驚訝，一開始人們會覺得他容易害羞臉紅、謙讓而且有點不自然。不過，那只是他在遇到陌生人和陌生場合時，用來保護他自己的外殼表象。他有的是理由防衛自己，因為他不信任任何人。他曉得許多人會編造他的故事，將他的故事賣給小報，而且如果必要的話，還會出賣他。所以，威廉防衛起了自己，只讓人們經由慢慢熟悉獲得他的信任後，才可以接近他。他會秘密的觀察進入他社交圈的陌生人，考量是該信任他們呢？或不理會他們。這是很少數的十六歲少年會想到的問題，但是對威廉來說卻是不可思議的重要課題。因此，小威廉必須比一般青少年要更快成熟長大，所以那些遇見過他、和他說過話的人，都形容他看起來比真正年紀還大上二、三歲。

文武兼備的威廉

不過，威廉在伊頓三年裡，他也結交了六、七位年紀相仿的親密朋友。他和他們相處得很融洽，而他們也對待他如同別的同學一樣。他喜歡那樣。大家都知道他的幽默有趣、迷人的微笑、他輕鬆自在的態度以及要獲得成功的決心（不論是在運動或學業上）。威廉在伊頓中學各方面都表現得宜，而且受到學校特殊文化氣氛的薰陶成長，那是向來培育各種不同背景的男孩，鼓勵他們成為自信、友善外向，並清楚知道自己是優秀份子的成長環境。學校也鼓勵所有男孩用功努力，驅策他們在選擇的學科領域——無論是語文、古典文學、科學或運動方面——爭取優異的成績。威廉似乎不僅僅喜歡伊頓的同窗情誼和隱逸生活，而且也喜歡學校所提供的在學業、運動上的挑戰。

威廉在母親去世之後，已經遠較以往更有自信，對自己也更有把握了。伊頓中學已經大大幫助了這位年輕人，讓他過著輕鬆自在、悠閒愉快的生活，和當他初抵學校時，還是一位害羞內向、拘謹的少年，不太確定他自己的方向及能力的威廉，有著大相逕庭的表現。

起初，他覺得伊頓中學其他有些男孩比他聰明，因此他要努力用功表現自己。在學業上，威廉表現得很好，當然是他班上最盡職謹慎的男孩之一。因此每回他坐下來應付考試（包括三門O-levels的會考），他都能輕易通過。這個夏天他參加了進階六項O-levels的會考，也早已被秘密告知通過所有科目了。他已經證明了自己是聰明的，也運用了他的聰明才智。

威廉在運動方面也表現的相當出色。起初，威廉只喜歡在伊頓划船，到了一九九七年夏季學期，人們就常常看到他在在泰唔士河上划船了。這些運動鍛鍊了威廉強健的手臂、背部和腿部的肌肉，並且隨著身體自然的發育，發展成一位強壯有力的年輕人。

一九九七年夏季期間，他被說服而轉換到游泳——他母親最喜愛的運動上，結果證明了他有這方面特殊的才能。他強而有力的上半身和運動員體格優勢，自然就將他推進到英國青少年五十公尺自由式前一百名的排行榜。一九九八年三月，他贏得了伊頓低年級一百公尺和五十公尺自由式游泳冠軍，打破了一九八七年柏克夏郡區學校（Berkshire County schools）總決賽保持的最快紀錄。目前英國十五歲五十公尺保持的最快紀錄是24.95秒，僅僅比威廉最好的紀錄快了三秒。如果威廉決定讓專業教練來訓練他，英國業餘游泳協會（Britain's Amateur Swimming Association）發言人相信這位王位繼承人，一定可以成為國家榮譽選手一個重要的挑戰者。不過，那必須參加嚴格艱難的受訓計劃，每天由個人的教練陪同至少游兩次。威廉可能樂意接受那樣的挑戰，追隨他姑母安娜公主（曾代表英國參加奧林匹克運動會）還有他的英雄彼得．菲利浦（曾代表蘇格蘭比賽過橄欖球）的腳步。

運動家威廉

威廉已經成為一位優秀的運動員了。他喜歡很多的運動，包括划船、足球和水上馬球。他玩過橄欖球，不過這個冬季運動還不如足球（對這項運動他顯然有真正的才能）那樣令他喜歡。他也喜歡打網球和壁球（squash），在這兩種運動上，他表現出了相當特殊的天分，他的身高、強壯有力的體格賦予他這個優點，讓他勝過了同年齡的男孩。他也是一位技術精湛的滑雪手，而且堪稱是滑雪坡上的膽大鬼，現在已經可以在瑞士的克羅斯特、美國科羅拉多州亞斯本（Aspen, in Colorado, USA）和加拿大等滑雪勝地，最險峻的離道滑雪坡上追上父親了，他喜歡滑下坡時快速追逐的挑戰。當然，還有與父親、蒂姬在鄉下一起愉快從事的逐獵活動。在所有這些活動當中，他都充分顯示出熱切的興致和真正的才能。現在他的射擊術已經比蒂姬（她精湛的射擊術向來是公認的）還高明了。威廉在大多數的運動中表現出如此具有天份，是因為他潛在的天性中，與他扮演的公眾形象大相逕庭之故。

人們簡直無法知道威廉在運動時，可以表現得多麼堅決認真、不屈不撓。他喜歡爭取勝利。他認為他必須比其他人表現得更出色，只因為他的地位是威爾斯親王的兒子。他在任何比賽中絕不降服也不讓人，同時也顯示出固執的天性，拒絕被擊敗，即使是情況看起來無望也從不放棄。威廉在比賽團隊裡，也表現出鼓舞別人的寬大包容力——這也是他被選為羅契洛夫預校首居十一人足球隊隊長的一個理由。他被視為是天生的領導者。

威廉在伊頓中學的宿舍房間和家中臥房私人的空間裡，常喜歡把自己關起來聽搖滾音樂（和他父親偏愛的古典樂和歌劇是如此地不同）。威廉也會常常攜帶著隨身聽四處走動，聽著吵鬧的重搖滾樂，而將他周圍的人給忘卻。英國Pulp搖滾樂團是他最喜歡的樂團，同時也曾深深被辣妹合唱團（Spice Girls）感動過，喜歡她們自然隨性的格調。威廉自己相當懂得穿著。在美國「時人雜誌」（People Magazine）的「1996年最佳服裝代表人物」中，編輯寫道，「他的穿著打扮看起來就像是模特兒，可以說是完美無瑕。」威廉表現出來敏銳的穿著判斷力，可以說涵蓋了他生活的各個層面，不管是穿著像他父親一樣古典的英國格子裙和短靴，平常裝扮時設計風格的T恤、牛仔褲和運動鞋，或者滑雪時穿的別緻鮮明的滑雪裝。其實，威廉一直都很喜歡母親多年來對他機靈應變的引導。現在保留下來可以看到的，不管是否已發展成他自己獨特的風格，兼具了好品味和訣竅，都讓他不論穿什麼看起來都非常得體。

人民的王子

全世界的年輕淑女和許多母親很快就要開始爭論，威廉王子會與那位年輕女子結婚。大部分人認為年輕的威廉具有他母親的特質、個性和天賦，相信他成人後，也會擁有同樣溫柔的感動、同樣對不幸人們自然而發的感情反應，以及同樣的同情心——一種兼具責任感和天生高貴情操，無私的人道精神之象徵。

從現在起，他的公眾形象可能會引起貪婪大眾的興趣，比起對待他母親更熱烈、更歇斯底里、更瘋狂的待遇。從某些方面來看，大眾似乎已將對黛安娜的愛慕轉移到威廉身上了；在黛安娜和她痛苦人生的背後支持她的人們，似乎也想盡他們所有可能來支持威廉和哈利。不過，威廉至少比起黛安娜有更周全的準備，可以迎接這樣的歡呼喝采。

在皇室出生的威廉，從小在教導下瞭解他長大要扮演的角色和應盡的職責。種種跡象顯示，威廉的確在黛安娜的引導下，已漸漸成為一個受歡迎的——人民的王子。

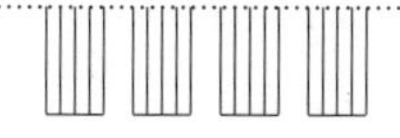

北區郵政管理局
登　記　證
北台字第9125號
免　貼　郵　票

大都會文化事業有限公司

讀者服務部收

110 台北市基隆路一段432號4樓之9

寄回這張服務卡(免貼郵票)
您可以：◎不定期收到最新出版訊息
◎參加各項回饋優惠活動

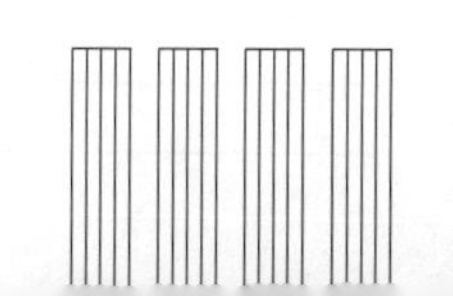

大旗出版　大都會文化　**讀者服務卡**

書號：98006　優雅與狂野－威廉王子

謝謝您選擇了這本書，我們真的很珍惜這樣的奇妙緣份。期待您的參與，讓我們有更多聯繫與互動的機會。

姓名：＿＿＿＿＿＿　性別：□男　□女　生日：＿＿年＿＿月＿＿日

年齡：□20歲以下　□21—30歲　□31—50歲　□51歲以上

職業：□軍公教　□自由業　□服務業　□學生　□家管　□其他

學歷：□國小或以下　□ 國中　□高中／高職　□大學／大專　□研究所以上

通訊地址：＿＿＿＿＿＿＿＿＿＿＿＿＿＿＿＿＿＿＿＿

電話：（H）＿＿＿＿＿＿＿（O）＿＿＿＿＿＿＿　傳真：＿＿＿＿＿＿

E-Mail：＿＿＿＿＿＿＿＿＿＿＿＿＿＿＿＿＿＿＿＿

※ 您是我們的知音，您將可不定期收到本公司的新書資訊及特惠活動訊息，往後如直接向本公司訂購（含新書）將可享八折優惠。

您在何時購得本書：＿＿年＿＿月＿＿日

您在何處購得本書：＿＿＿＿＿＿＿書店，位於：＿＿＿＿＿＿＿(市、縣)

您從哪裡得知本書的消息：

□ 書店　□報章雜誌　□電台活動　□網路書店　□書籤宣傳品等

□親友介紹　□書評　□其它

您通常以哪些方式購書：

□書展　□逛書店　□劃撥郵購　□團體訂購　□網路購書　□其他

您最喜歡本書的：（可複選）

□內容題材　□字體大小　□翻譯文筆　□封面　□編排　□其它

您對此書封面的感覺：

□很喜歡　□喜歡　□普通

您希望我們為您出版哪類書籍：（可複選）

□ 旅遊　□科幻推理　□史哲類　□傳記　□藝術音樂　□財經企管

□電影小說　□散文小品　□生活休閒　□語言教材（＿＿語）　□其他

您的建議：

＿＿＿＿＿＿＿＿＿＿＿＿＿＿＿＿＿＿＿＿

＿＿＿＿＿＿＿＿＿＿＿＿＿＿＿＿＿＿＿＿

＿＿＿＿＿＿＿＿＿＿＿＿＿＿＿＿＿＿＿＿

優雅與狂野---威廉王子

作者 尼可拉斯・戴維斯(Nicholas Davies)
譯者 邱俐華
發行人 林敬彬
主編 趙濰
執行編輯 方怡清
文字編輯 吳鴻玉
美術編輯 邱世珮
封面設計 邱世珮

出版 大旗出版社 局版北市業字第1688號
發行 大都會文化事業有限公司
110台北市基隆路一段432號4樓之9
讀者服務專線 (02) 27235216
讀者服務傳真 (02) 27235220
電子郵件信箱 metro@ms21.hinet.net
郵政劃撥帳號 14050529 大都會文化事業有限公司

港澳地區經銷 全力圖書有限公司
聯絡地址 香港新界葵涌打磚坪街58-76號 和豐工業中心1樓8室
聯絡電話 (852) 24947282
聯絡傳真 (852) 24947609

出版日期 2001年7月初版第1刷
2001年11月初版第3刷
定價 260元

ISBN 957-8219-38-5
書號 98006
Printed in Taiwan

國家圖書館出版品預行編目資料

優雅與狂野：威廉王子 / 尼可拉斯. 戴維斯(Nicholas Davies) 作;
邱俐華譯.
-- -- 初版. -- --
臺北市： 大旗出版：大都會文化發行,
2001〔民90〕
面： 公分
譯自： William the man who will be king

ＩＳＢＮ ：957-8219-38-5(平裝)
1. 威廉(William, prince, grandson of Elizabeth II,
Queen of Great Britain, 1982-) - 傳記

784.18 90008164